黄龙溪镇志

LOCAL RECORDS OF HUANGLONGXI

四川省成都市双流区黄龙溪镇志编纂委员会　编

图书在版编目（CIP）数据

黄龙溪镇志 / 四川省成都市双流区黄龙溪镇志编纂委员会编 .—北京：方志出版社，2019.9
（中国名镇志丛书）
ISBN 978-7-5144-3854-3

Ⅰ . ①黄… Ⅱ . ①四… Ⅲ . ①区（城市）—地方志—成都市 Ⅳ . ① K297.15

中国版本图书馆 CIP 数据核字（2019）第 251238 号

· 中国名镇志丛书 ·

黄龙溪镇志

编　　者：四川省成都市双流区黄龙溪镇志编纂委员会
责任编辑：王海荣

出 版 者：方志出版社
地址　北京市朝阳区潘家园东里 9 号（国家方志馆 4 层）
邮编　100021
网址　http://www.fzph.org
发　　行：方志出版社图书经销中心
电话　（010）67110500
经　　销：各地新华书店
排　　版：北京纺印图文设计制作有限公司
印　　刷：北京中科印刷有限公司

开　　本：787 × 1092　1/16
印　　张：16.25
字　　数：300 千字
版　　次：2019 年 9 月第 1 版　2019 年 9 月第 1 次印刷

ISBN 978-7-5144-3854-3　定价：129.00 元

序一

习近平总书记指出："不忘历史才能开辟未来，善于继承才能善于创新……只有坚持从历史走向未来，从延续民族文化血脉中开拓前进，我们才能做好今天的事业。"中国优秀传统文化是在漫长的历史长河中历经无数次涤荡和沉淀而形成的思想精髓，蕴藏着无穷的宝藏和无尽的力量。发掘和继承优秀传统文化，是延续中华文明"根"与"魂"的必由之路。与时俱进，推动传统文化不断开拓创新，是中华文明常葆勃勃生机的重要保证。

"国有史，邑有志。"编修地方志是中国特有的文化现象，是中华民族的优秀文化传统。数千年来，连绵不断的志书编修为保护中华民族根脉，传承中华文明发挥了不可替代的作用。中国现存古志有8000余种，占现存古籍的十分之一。中华人民共和国成立以来，编修完成数万种省、市、县三级综合性行政区域志、部门志、行业志、专志等，编纂数万种地方综合年鉴、行业年鉴和专门年鉴等，整理出版数千种历代方志及相关研究成果，发表相当数量的方志理论与年鉴理论研究成果。这既是对我国国情、地情持续开展的大规模普遍调查，也是对各地自然与社会发展状况进行的综合研究，其成果构成了一座丰富的文化资源宝藏，为各级领导科学决策提供了重要参考，为推动经济社会发展和文化建设发挥了重要作用。

当前，中国特色社会主义进入新时代，全国地方志事业也进入新时代。如今的地方志事业围绕党和国家利益、经济社会发展，以人民为中心开拓创新，志、鉴、馆、史"四驾马车"并驾齐驱，志、鉴、馆、网、库、用、会、刊、研、史"十业并举"，加快实现在全国范围内全面推进地方志从一项工作向一项事业转型升级。在党中央、国务院的亲切关怀和各级地方志工作者的共同努力下，一批紧密结合社会发展需求、具有独特创造性的工作逐步开展，涵盖中国名镇志、中国名村志、中国名山志、中国名水志、中国名街志等"名志"系列文化工程是其中代表。作为首个"名志"系列文化工程的中国名镇志文化工程，启动于2015年，至今已是第三个年头。中国名镇志丛书在记述主体上，选择中国历史文化名镇、经济强镇、特色镇等在全国具有影响力和代表性的乡镇，旨在全面展示中国名镇的文化精髓；在内容题材选择上，重在突出不同名镇的“名”和“特”，力求集中体现不同名镇最精彩的部分，增强可读性；在志书编纂程序设置方面，志书申报、篇目设计、专家审读、专家组验收等流程环环相扣，紧密结合，力争把每一部志书都打造成精品佳志。

习近平总书记指出：“历史和现实都表明，一个抛弃了或者背叛了自己历史文化的民族，不仅不可能发展起来，而且很可能上演一场历史悲剧。”2018 年是改革开放 40 周年，40 年来中华大地发生了翻天覆地的变化，乡镇发生了极为深刻的改变，从粗茶淡饭到有机食品，从粗布衣裙到精美时装，从土屋平房到高楼大厦，人民生活水平大大提高，城乡差距不断缩小。然而，在感受辉煌成就的同时，我们也应该看到，许多精巧的古建、精湛的工艺、亲切的乡音、独特的乡俗也在快节奏的发展中与我们渐行渐远，曾经的家乡正逐渐变为记忆中的故园。

党的十九大报告提出乡村振兴战略，此后党中央、国务院又推出一系列重大举措。实施乡村振兴战略，必须全面加强乡村文化建设，培养乡村文化自信，培植文化之“根”，铸牢文化之“魂”。没有乡村文化的高度自信，没有乡村文化的繁荣发展，就难以实现乡村振兴的伟大使命。振兴乡村文化，既要塑形，更要铸魂，必须遵循乡村发展的客观规律，在发展中把文化的精髓保留下来，把乡土味道、乡村风貌的“魂”传承下去。在保留优秀乡村文化内核的基础上，用现代表现方式，把反映时代精神、先进理念的内容通过群众喜闻乐见的文化产品表达出来，才能够让乡土文化具有更强大的生命力。用创新性的模式书写乡镇志，传承和抢救乡土历史文化，激发爱国爱乡情怀，为探索中国特色新型城镇化发展经验、发展模式、发展道路提供历史智慧和现实借鉴，正是实施中国名镇志文化工程的目的和意义所在。

“月是故乡明”。中国人素有“家国情怀”，家乡的山水是最为美丽的，家乡的风俗是充满温暖的，一声亲切的乡音，一口熟悉的家乡菜，都能拨动游子的心弦，让其魂牵梦萦。中国名镇志丛书是一套全面梳理中国名镇历史人文，挖掘文化特色，突出“名”和“特”的镇志。它能让人民群众深刻感受到本土本乡自然的优美、历史的醇厚、人物的杰出、艺文的风雅等，有助于培养人民群众对家乡文化的自信，激发起人民群众浓烈的爱乡爱国情怀，助力国家新型城镇化建设和乡村振兴战略的实施。

是为序。

中国社会科学院院长
中国地方志指导小组组长　谢伏瞻

序二

连绵不断地编修地方志是我国特有的文化传统，为传承中华文明作出了巨大的贡献。在党中央、国务院的高度重视和支持下，这一古老的文化传统焕发勃勃生机，展现新的活力，成为保存、继承、发扬光大中华优秀传统文化的重要依托，培育和践行社会主义核心价值观的重要媒介，社会主义先进文化建设的重要组成部分，发展中国特色社会主义，增强道路自信、制度自信、理论自信的重要载体，在实现“两个一百年”奋斗目标和中华民族伟大复兴中国梦进程中具有不可替代的地位和作用。

事物总是在不断发展中前进。经过改革开放以来30余年的发展，中国特色地方志事业与传统的编修地方志已不可同日而语，形成了志（志书）、鉴（年鉴）、库（地情数据库）、馆（方志馆）、网（地情网站）、刊（期刊）、会（学会）、研（理论研究）、用（开发利用）等多业并举的新格局。截至2015年10月底，全国编纂完成首轮、二轮省、市、县志书8000多种，编修部门志、行业志、专业志、乡镇村志27000多种，编纂地方综合年鉴2300多种，累计整理旧志2500多种，还编纂出版了大量的地情书，字数以百亿计，形成以反映国情、地情为主要内容，全面系统、持续不断、卷帙浩繁的社会科学成果群。另外，还开通了27个省级网站、230个市级网站、816个县级网站；建成国家方志馆1个、省级方志馆16个、市级方志馆86个、县级方志馆近300个。这些成果，成为国家极为重要的文化资源，是国家文化软实力和公共文化服务体系的重要组成部分。

最近几年，地方志工作的触角在不断延伸，部门志、行业志、专业志、特色志、乡镇村志编纂方兴未艾，成为当前地方志事业发展新的增长点和亮点。特别是乡镇志，兴起了编纂热潮，从自发的民间行为逐渐过渡为政府组织的文化行为，有的省份以政府令形式将其纳入地方志编修范畴，像河南省还以省政府办公厅名义要求全省普修乡镇志。乡镇志并不是一个新生事物，据现有资料可考，宋代常棠所撰《澉水志》是现存最早的一部乡镇志。与省、市、县三级志书相比，乡镇志虽属小志，但意义却不小，特别是在当前国家全力推进新型城镇化建设的背景下，乡镇志的作用更显重要。

启动中国名镇志文化工程，是适应当前新型城镇化建设形势发展需要、地方志事业发展形势需要的重要举措，也是充分发挥地方志存史、资政、育人功能的重要手段。作为最基层行政组织的志书，镇志是最接近中国社会发展变迁的国情、地情记录文本，具有重要的历史文献价值。而作为充分反映本区域自然、政治、经济、文化和社会的历史与现状的资料性文献，镇志又能全面展示发展脉络，摸索发展经验，为探索中国乡镇未来发展方向提供借鉴和参考。当然，对于祖祖辈辈生于斯长于斯的中国人来说，故乡就是一个魂牵梦萦的地方，故乡的情怀终生难忘。留得住乡愁，记得住乡思，充分展示名镇文化魅力，激发爱乡、爱国情怀，正是中国名镇志文化工程题中应有之义。

是为序。

中国社会科学院原院长
中国地方志指导小组原组长 王伟光

序三

“国有史，邑有志”，中国自古就有注重编史修志的传统。按照我国目前地方志行政法规，国家各级地方志机构的法定职责是编纂省、市、县三级志书，并不包括县以下的乡镇志和村志。这种规定，一方面可能因为全国有数百万自然村落和数万乡镇，全部实行官修很难实现；另一方面可能因为我国历史上就有“皇权止于县”的说法，县以下的民间社会历来是一个以自治为主的领域。然而，改革开放几十年来，我国社会正在发生巨变，这种巨变在基层社会的乡镇、村落、家庭领域更为深刻。作为“乡之首，城之尾”的镇，逐渐被日益崛起的大都市淹没了光彩，村落在快速的城镇化过程中每天都在大量消失，农村家庭的小型化、空巢化趋势非常突出。在这种情况下，我一直在思考，如何留得住历史文化记忆和乡愁，如何把修志的工作向基层社会延伸？

中国人的“家国情怀”，是从“诚意、正心、修身”开始，到实现“齐家、治国、平天下”。所以从国家一统志，省、市、县三级志，到乡镇志、村志、家谱，也是一个完整的系统。

正是在这种背景下，我们决定启动中国名镇志文化工程。乡镇是无数中国人生命的底色和成长的摇篮。如何在城镇化进程中，留得住乡愁，记得住乡音，忘不了乡思，事关城镇化进程的人文关怀和文化保护，事关文化血脉的传承。同时，科学记录城镇化进程，反映城镇化成就，也为今后探索城镇化发展规律、积累经验提供了基本素材。作为全面系统记述一定行政区域的自然、政治、经济、文化和社会的资料性文献，志书是以上功能最好的载体。

我国目前有4万多个乡镇，全部修乡镇志还不具备条件。中国名镇志丛书选择的是传统文化名镇、历史军事重镇、革命历史名镇、民族特色名镇、特色经济名镇、旅游景观名镇等类型的乡镇，应该是最具代表性的，在中国乡镇文化传承和社会发展中具有标杆意义。

编纂中国名镇志丛书是对乡土历史文化的保护。随着城镇化进程加快，有不少乡镇被撤并，有些还是在历史上有重要意义的历史文化名镇、特色镇等。如不及时对其历史进行整理、记录，这些重要的历史资料将散佚殆尽。因此，中国名镇志丛书的编纂是对宝贵历史资料的抢救。

编纂中国名镇志丛书是对乡土意识的传承。什么东西有魅力？故乡的山水，乡音乡情的记忆，乡土的气息和家乡菜的味道，不管走到哪里，总是触动心弦。中国名镇志丛书记录的是家乡的山山水水，家乡的历史文化，家乡的风土人情，留住的是乡愁。这些最能激发远方游子和本地民众的爱乡情怀、爱国情怀。

编纂中国名镇志丛书是一种学术探索。镇志的编纂，实质也是一次深入的社会调查研究。“麻雀虽小五脏俱全”，相比省、市、县，乡镇第一手资料的获得需要付出更大的努力。我们也希望在志书编纂上有所创新，使中国名镇志丛书成为一套图文并茂、雅俗共赏的新型志书。

中国社会科学院原副院长
中国地方志指导小组原常务副组长

中国名镇志文化工程专家委员会

名誉主任　徐匡迪
主　　任　谢伏瞻
常务副主任　高　翔
委　　员（按姓氏笔画排序）
毛其智　叶裕民　李　铁　李善同
杨保军　柳　拯　倪鹏飞　魏后凯

中国名镇志文化工程学术委员会

主　　任　高　翔
常务副主任　冀祥德
副 主 任　邱新立
委　　员（按姓氏笔画排序）
于伟平　王　晖　王铁鹏　巴兆祥
田　嘉　苏炎灶　李　江　李孝聪
张大伟　张英聘　陈泽泓　陈　强
黄晓勇

四川省成都市名镇志丛书编纂委员会

主　任　高志刚

副主任　陈　聪

委　员　黄小华（执行）　杨文华　孙振中　李　美

四川省成都市双流区黄龙溪镇志编纂委员会

顾　问　韩　轶　鲜荣生

主　任　董　成　王小乐

副主任　吴文全　沈登军

委　员　汪敦武　刘　雨　邓　建　黄晓莉　陈荟斯
张小彬　付舒响　罗向林　罗园园　杨　波
李思健

四川省成都市双流区黄龙溪镇志编辑人员

主　编　吴文全

副主编　汪敦武　李思健

编　辑　李开健　张　波　葛丽平　周亚茹　罗　勇
邬明树　罗在全　杨国儒　应福根　郭维让

黄龙溪老街（20世纪80年代）

黄世贵　摄

中国名镇志丛书凡例

一、以马克思列宁主义、毛泽东思想、邓小平理论、“三个代表”重要思想、科学发展观、习近平新时代中国特色社会主义思想为指导，坚持辩证唯物主义和历史唯物主义的立场、观点和方法，存真求实，全面、客观、系统记述中国名镇城镇化进程和改革开放成果，传承和抢救乡土历史文化，激发爱国爱乡情怀，留住乡愁，为探索中国特色新型城镇化建设、服务乡村振兴战略提供历史智慧和现实借鉴。

二、为全面反映入志事物发展脉络，各志上限追溯至事物发端，下限一般断至各镇志启动编修年份，个别重大事项可延至搁笔。详今明古，着重反映时代特色和地方特点，重点体现各镇的“名”与“特”。

三、记述地域范围以下限年份的行政辖区为主。为体现名镇在更大区域内的意义，可以从更开阔的区域视野记述与该镇相关的内容。

四、统一采用纲目体，设类目、分目、条目三个层次。横排门类，纵述史实，述而不论。

五、综合运用述、记、志、传、图、表、录等各种体裁，以志体为主。体裁运用适当创新，篇目设置不求面面俱到，一般意义上的乡镇级内容略去不载。

六、除引用文字和附录文献资料外，统一使用规范的现代语体文记述，行文力求朴实、严谨、简洁、流畅、优美，具有较强可读性。

七、人物部类遵循“生不立传”原则，人物传主按生年排序，只选录对本镇发展有重大影响的人物，不面面俱到。

八、各项数据一般采用国家统计部门数据。数据缺乏的，采用主管部门或主办单位正式提供的数据。

九、数字用法、标点符号、计量单位分别执行国家标准《出版物上数字用法》(GB/T 15835—2011)、《标点符号用法》(GB/T 15834—2011)、《国际单位制及其应用》(GB 3100—1993)和《有关量、单位、符号的一般原则》(GB 3101—1993)。历史上使用的计量单位，如斗、石、里、尺、磅、华氏度等，在引文时可照录。考虑到社会使用习惯，全书中亩不统一换算。

十、中华民国成立前的纪年，使用朝代年号纪年，括注公元年份；中华民国成立后的纪年，均使用公元纪年。志中所称“解放前(后)”，以该镇解放日为界；“新中国成立前(后)”，以中华人民共和国成立日1949年10月1日为界；“改革开放前(后)”，以1978年12月中共十一届三中全会召开为界。本志“××年代”，凡未加世纪者，均指20世纪。

十一、为节省篇幅，避免重复，本志采用条目互见法。参见条目的表示形式为：参见本志“××类目·××分目·××条目”。

十二、对旧志、古籍中的繁体字、冷僻字一般用简化字或通用字替换，易引起误解的则保留。

十三、记述各个历史时期的党派、机构、职务、地名等，均以当时的名称为准。对频繁使用的名称，首次用全称并括注简称，其后用简称。

十四、各镇志需要单独说明的事项，均在各自编纂始末中记述。

黄龙溪镇在中国的位置

黑龙江省
哈尔滨
吉林省
长春
沈阳
辽宁省
内蒙古自治区
呼和浩特
北京
北京市
天津市
天津
河北省
石家庄
太原
山西省
济南
山东省
乌鲁木齐
新疆维吾尔自治区
甘肃省
银川
宁夏回族自治区
西宁
兰州
青海省
陕西省
西安
郑州
河南省
江苏省
南京
上海市
上海
安徽省
合肥
西藏自治区
拉萨
四川省
双流区
成都
黄龙溪镇
重庆市
重庆
湖北省
武汉
浙江省
杭州
南昌
江西省
长沙
湖南省
福建省
福州
钓鱼岛
赤尾屿
台北
台湾省
台湾岛
贵州省
贵阳
昆明
云南省
广西壮族自治区
南宁
广东省
广州
香港
香港
澳门
澳门
东沙群岛
海口
海南省
海南岛
西沙群岛
永兴岛
中沙群岛
黄岩岛
南沙群岛
曾母暗沙
黄海
东海
南海
渤海
黄河
长江
图例
北京 首都
天津 省级行政中心
未定 国界
省、自治区、直辖市界
特别行政区界
名镇(乡)所在区域
名镇(乡)
1∶32 000 000
审图号：GS（2019）4425号

黄龙溪镇在四川省的位置

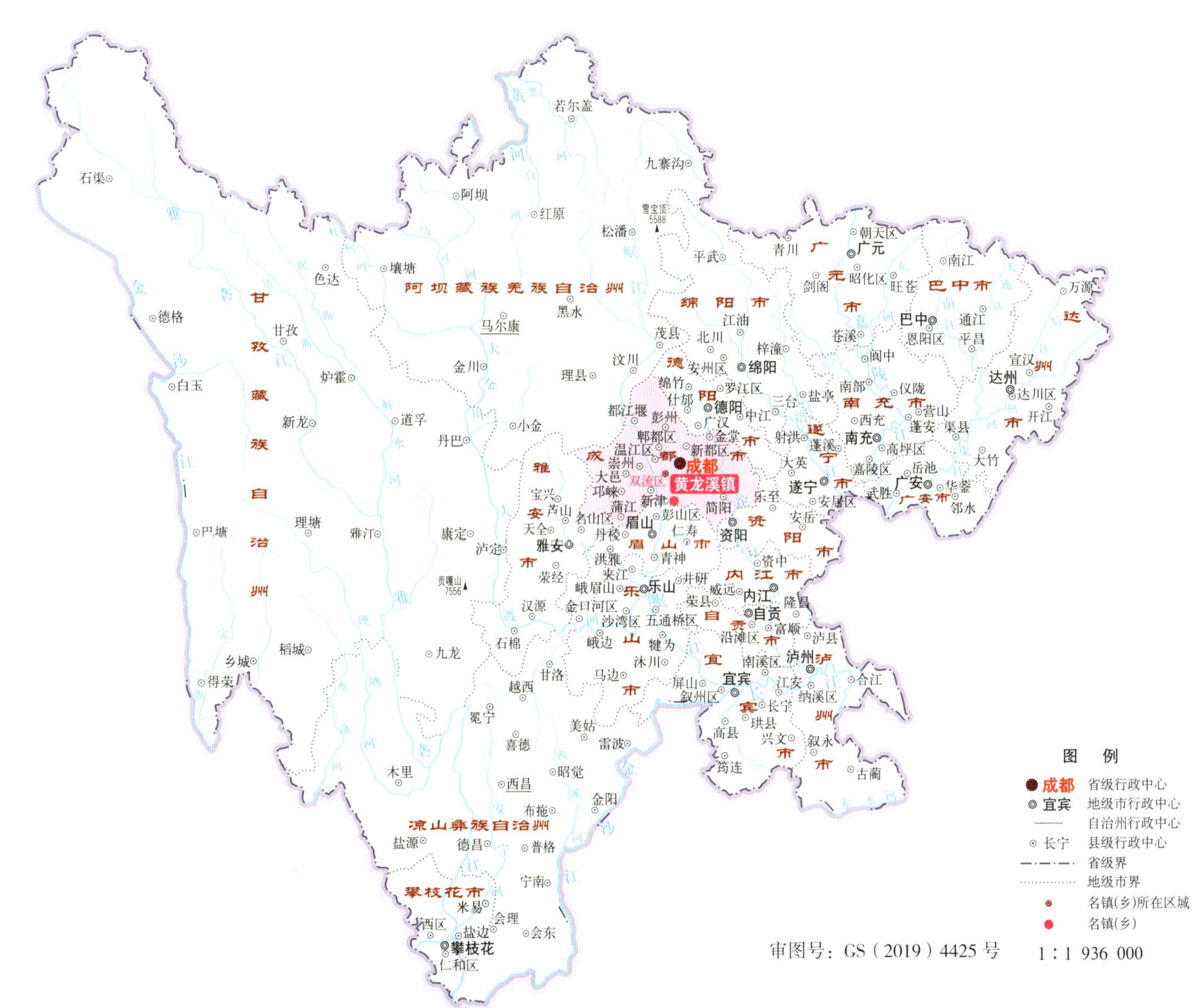

审图号：GS（2019）4425 号

1：1 936 000

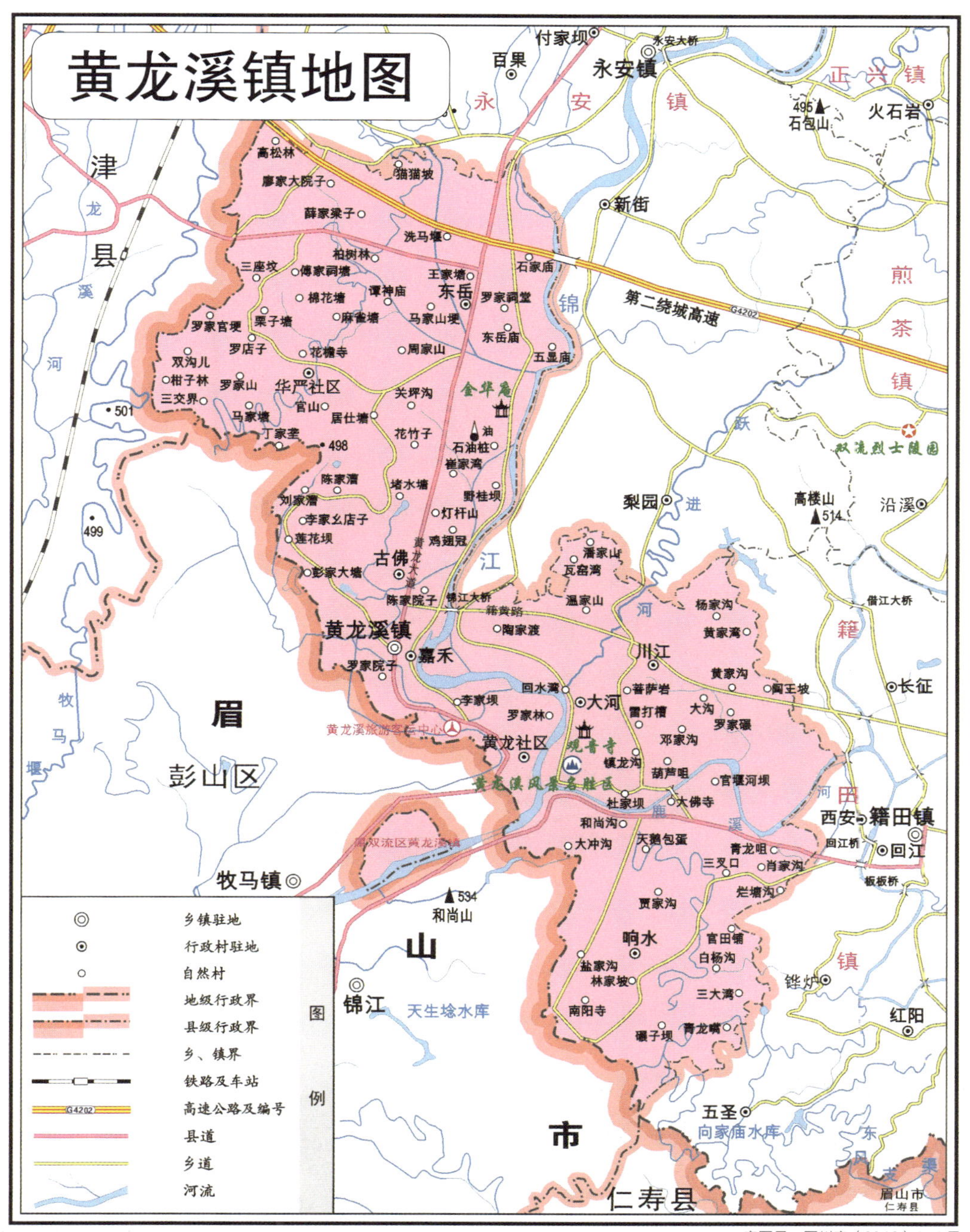

审图号：图川审（2019）114 号

黄龙溪古镇

黄龙溪镇　提供

黄龙溪廊桥远观　　　　黄龙溪镇　提供

初春廊桥　　　　孟蓓　摄

水战　　黄龙溪镇　提供

雪中古民居　　黄龙溪镇　提供

古街夜色　　　　黄龙溪镇　提供

黄龙溪花灯　　　　黄龙溪镇　提供

夜幕中的摄影师　　刘国兴　摄

雨后黄龙溪　　孟蓓　摄

黄龙水乡　　　　李荣伟　摄

古码头　　黄龙溪镇　提供

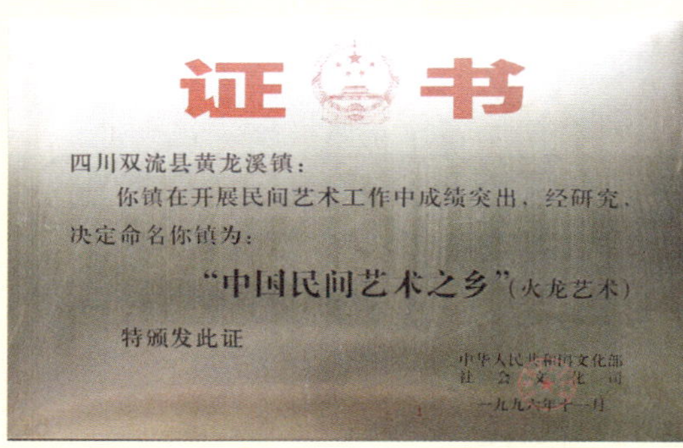

1996 年，黄龙溪镇被授予“中国民间艺术之乡”称号

2007 年，黄龙溪镇被授予中国历史文化名镇称号

2007 年，黄龙溪镇被授予中国民间文化遗产旅游示范区称号

2007 年，黄龙溪镇被授予四川最适合访古游目的地称号

2008 年，黄龙溪镇被授予国家 AAAA 级旅游景区称号

2011 年，黄龙溪镇被授予成都新十景称号

2012 年，黄龙溪镇被授予中国最佳休闲胜地称号

目录

千年水码头　古镇黄龙溪

黄龙溪镇位于四川省成都市双流区南部，因“黄龙见武阳赤水”而得名。古镇历史悠久，风光旖旎，环境优美，是一座有着2100多年历史的巴蜀古镇。

HUANGLONGXI TOWN
黄龍溪

黄龙溪，古名“赤水”，已有2100多年的历史。据《三国志·蜀书》记载，刘备在成都建立蜀汉政权之际，有“黄龙见武阳赤水九日乃去”之说，黄龙溪由此得名。

黄龙溪镇位于成都市双流区南部边缘，地处牧马山南麓，龙泉山中段以西，与眉山市仁寿县、彭山区和成都市新津县交界，东临锦江，北靠牧马山，锦江、鹿溪河在此交汇。地理坐标为北纬30°17′，东经103°58′。距成都市区36千米，距双流城区34千米。镇域整体地势起伏舒缓，略向南倾，地形坡度15°，西北部为牧马山，中部为沿锦江分布狭长的冲积平原，东部为龙泉山丘陵地区。最高处海拔555米，最低处海拔423米，是双流区海拔最低地区。2016年，辖古佛、东岳、华严、嘉禾、响水、川江、大河7个村和黄龙社区。镇域面积50.4平方千米，耕地面积27936亩，总人口29457人。

黄龙溪古镇，历史上曾是锦江航道和南丝绸之路的重要水码头。“朝出锦官城，夜宿黄龙溪。日有千人拱手，夜有万盏明灯”形象地描述了当年黄龙溪古镇的繁荣景象。历史文化与民俗风情相互交融，两江交汇，山水相依，秀美的自然风光与古香古色的传统民居天然融合，相得益彰，共同构成了黄龙溪古镇不可复制的“名”与“特”，“千年水码头、古镇黄龙溪”的旅游品牌即在此基础上形成并发展壮大。

在古蜀时代，无论从自然环境还是从历史进程，黄龙溪镇均属于牧马山区，直接受古蜀文明的影响。从先秦至民国时期，黄龙溪的历史脉络可分为四个时期：古蜀开明王最后的军事据点，三国蜀汉政权的圣迹之地，宋代的乡村商业集市，清初至民国时期新兴的移民场镇、水运码头。

秦代，蜀郡守李冰疏浚郫江、检江，两江汇流后成为蜀中成都平原对外交往的黄金水道。源自龙泉山脉中段的鹿溪河在黄龙溪与锦江交汇，黄龙溪成为锦江通衢、天然良港、重要的水码头，在此屯兵设防，利于屏障川西平原、巩固古蜀王国后方，其军事战略地位不言而喻。

秦惠文王九年（前316），秦灭巴蜀。据《华阳国志·蜀志》载：末代蜀王于葭萌关抵御秦军失败后，“遁走至武阳，为秦军所害”。据考，这里的“武阳”，当为黄龙溪镇一带。蜀王之所以选择武阳与秦军作最后决战，并在此阵亡，证明黄龙溪及其所在的牧马山区在先秦（古蜀时期）已因地理位置重要而成为古蜀王国最后据守的军事要地。

此后，东汉建安十六年（211），诸葛亮与先主（刘备）共围成都，牧马山为积粮屯兵之地 。“（建安）二十四年，黄龙见武阳赤水”，随后建黄龙庙、沉龙形鼎、刻黄龙甘露碑等一系列政治活动在黄龙溪上演。黄龙溪成为蜀国政治活动中心和重要江防据点。

隋唐时期，成都曾是长江上游著名的商业都会，在全国也是数一数二，“号为天下繁侈，故称扬（扬州）一益（成都）二”。蜀锦、酒、糖、茶叶等大量商品经黄龙溪运往全国，黄龙溪成为成都货物输出的重要码头之一。在唐僖宗入蜀避难期间，成都别号“南都”，成为政治、经济、文化中心。宋代，黄龙溪的商品经济和乡村集市贸易兴旺起来，成为一个收购、销售茶叶的主要集散中心和交易市场。后因蒙古兵进犯成都，一路烧杀破坏，村庄被夷为平地，黄龙溪镇也随之衰败。

明初，黄龙溪境域归仁寿县管辖。清初，黄龙溪及周边地区被各地移民重新开发出来。湖广上川的贺、乔、唐三家首建黄龙溪新场于锦江西岸。依托便利的水运交通优势，且离成都仅一天水程，黄龙溪新场成为客商建场开店和往来船只停宿的首选之地。经过二三百年各省移民的共同努力，黄龙溪又再度繁荣起来。到了清末，黄龙溪有人口360 户，1310 人，位居华阳县第十名。

民国时期，黄龙溪有大小商铺上百个，著名商号有益民号等，所售商品有粮食、木材、煤炭、猪鬃、山货、黄表纸、卷烟、盐、糖、酒等。日本侵华战争全面爆发后，长江三峡航道被封锁，川江航运业迅速发展，黄龙溪的繁忙更是达到历史新高。做煤、木炭、焦炭生意的，做柴火生意的，从自贡运盐到成都销售的，做叶子烟、卷烟生意的，往成都贩运竹筛、刷把、箩筐、糖、酒等杂货的，都在这里聚集。王爷坎（黄龙溪码头）经常泊船上百艘，来往场镇、进出码头的客商、行人和依赖船运为生的船工、渔民，熙熙攘攘，一派人声鼎沸的繁荣景象。1949 年，人民解放军将驻防黄龙溪的国民党胡宗南残余部队在皇坟山一带击溃，解放黄龙溪。

中华人民共和国成立初期，黄龙溪进行社会主义改造和社会主义建设，农民拥有了自己的生产资料。60 年代以后，随着陆路交通的发展，成都至乐山的水路交通彻底中断，曾作为锦江通衢、成都水运重要码头的黄龙溪场上仅剩下 3 个经营饭食、小吃和茶饮的小店。加之黄龙乡与佛洞乡合并为黄佛乡后，场上的乡级党政机构迁至古佛洞场镇，黄龙溪更是日渐冷落和萧条，但古镇建筑和原貌得以完整保存下来，成为成都市乃至四川省明清时期（主要为清代）建筑保存最为完整的古镇。80 年代，黄龙溪被影视界发现，随着历史故事影片《卓文君与司马相如》在黄龙溪开拍，黄龙溪走上荧屏，进入人们的视野。1992 年 6 月，黄龙溪被列为县级旅游开发区，成为成都近郊旅游的胜地。

黄龙溪枕水而建。从西寨门入口的龙头至龙尾绵延数千米、宽十余米的“水街”，涵盖了神龙抬头、龙颈飞瀑、真龙现身、黄龙摆尾四大主题，青瓦楼阁、小桥流水穿行其间，赋予黄龙溪水乡的风韵。千年古榕，盘根错节，是古镇的标志，游人总要在此留影。

古镇保存有建于清代的街区 7 个、巷子 9 条，街道两旁有保存完好的传统清代民居 76 套（座），有木结构、砖木结构，有抬梁式、穿斗式、硬山式、悬山式、歇山式，临河为吊脚楼，各具特色。还有传统川西民居大院 4 座。有庙宇 7 座，其中古龙寺、潮音寺、镇江寺集中在一条不足 500 米的古街上，“一街三寺庙”在全国也罕见。

黄龙溪镇古佛洞进场口，有修建于清乾隆年间（1736—1795）的古佛堰，仍灌溉双流、仁寿、彭山万余亩农田，民众誉为“小都江堰”。古佛洞场尾有古庙金华庵，依山崖开凿成五重殿，隔河对望，风光绮丽。应古佛堰堰务管理之需而设的古佛堰管理机构，其职责从最初的堰务管理扩展为民事管理、堰务管理、治安管理等，民间形象地称作“三县衙门”。三个行政区域共建一个管理机构，负责三县交界地区的民事、治安管理，在中国历史上也极为罕见，是全国唯一的保存完好的“三县衙门”，成为封建社会县级衙门珍贵的历史活标本。

历史留给黄龙溪奇特景观的同时，也孕育出丰富多彩的民间民俗文化。其中，最有代表性的是黄龙溪火龙灯舞（俗称烧火龙）。黄龙溪烧火龙起源于南宋，根据民间流传的“烛龙”“应龙”“龙生九子”等神话故事，在龙图腾文化的基础上，创造了独具特色的火龙灯舞。相传，南宋时期，黄龙溪先民们根据“黄龙见武阳赤水”和民间传说“烛龙”的故事，创造出火龙灯舞，后经不断改造、丰富流传开来。1996 年，文化部命名黄龙溪为“中国民间艺术之乡（火龙艺术）”。2007 年，黄龙溪火龙灯舞被评为成都市第一批非物质文化遗产；2008 年，黄龙溪火龙灯舞被收入第一批国家级非物质文化遗产扩展项目名录。黄龙溪火龙灯舞多次参加国内外巡演，向世界展示我国丰厚的非物质文化遗产和灿烂的民间民俗文化。

黄龙溪船工号子，又称府河号子、锦江号子，曾流传于锦江及川西平原各江河流域，现仅存于黄龙溪镇，黄龙溪船工号子已成功入选四川省非物质文化遗产名录。

中华人民共和国成立后，特别是改革开放后，黄龙溪进入旅游开发的新时代，以“古镇、文化、生态”享誉全国，成为璀璨夺目的旅游古镇。来到黄龙溪，虽然美丽的风景你无法带走，但尝一口地道乡土风味的黄龙溪美食，芝麻糕、丁丁糖、黄辣丁、猫猫鱼、焦皮肘子、石磨豆花、一根面等，必定会让你的舌尖体会到幸福的滋味。沿古镇往外，一个个生态农庄生机盎然。这里有四季可采摘的蔬果，这里有原生态的农家美味，这里有当地特色的农家小院。

亲水嬉戏是黄龙溪有名的游乐项目。每到夏季，这里就成了人们玩水的胜地。夜晚，镇龙街流光溢彩，你可以亲触那摇曳的火烛，感受酒吧的激情。一曲《水龙吟》，不夜黄龙溪。黄龙溪旅游资源丰富，旅游设施齐全，拥有高中低宾馆、客栈 120 余家，带给你更多的快乐与舒适。

悠久的历史赋予了黄龙溪深厚的文化底蕴。古蜀文化、三国文化与民俗文化水乳交融，两江交汇与川西建筑天然融合。古镇保存下来的独有“十古”：古街巷、古民居、古衙门、古寺庙、古码头、古堤、古佛堰、古树、古战场、古崖墓，共同形成黄龙溪古

古码头（2007 年）

镇“千年水码头，古镇黄龙溪”不可复制的特色和旅游金字品牌。截至2016年12月，黄龙溪古镇获评成都新十景、田园城镇样板镇、天府第一名镇、全国环境优美镇、中国民间文化遗产旅游示范区等，并于1992年获评四川省历史文化名镇，2007年被评为中国历史文化名镇，2008年被评为国家AAAA级旅游景区。

如今，古镇黄龙溪正按照“一心两带两河六组园”的总体发展规划和“景村相嵌”式发展的战略布局，遵循古镇锦江十里水线与自然水湾的本底特色，结合成都锦江生态带和天府绿道建设，倾力打造一个集古镇游憩、农业观光、文化体验、田园度假于一体的国际古镇游憩与生态田园度假区。黄龙溪，这座以龙得名，因龙而灵的小镇，正以崭新姿态开创着千年古镇辉煌灿烂的明天。

黄龙溪镇 提供

黄龙溪夜色（2016年） 刘伟 摄

基本镇情

黄龙溪，位于成都西南部，属成都市双流区，和眉山市彭山区、仁寿县交界，锦江和鹿溪河在此交汇，历史上曾是府河航道和南丝绸之路的重要码头。黄龙溪，1992 年被评为四川省历史文化名镇，2007 年被命名为中国历史文化名镇，2008 年被评为国家 AAAA 级旅游景区。

HUANGLONGXI TOWN
黄龍溪

建置区划

建置沿革 据《宋会要辑稿》载，北宋熙宁五年（1072），眉州县城以及彭山、青神、丹棱、永丰、黄龙、福化等16处地方设酒务所，征收的商税数是“岁七万二千五百二贯，布千六百八十四”，始见黄龙溪建置。

清初，黄龙溪镇属于仁寿县资州直隶州（今资中县）东北顺和乡。清末，黄龙溪划归成都府华阳县管辖，属第五区永安乡。

民国时期，黄龙溪属仁寿县嘉禾乡管辖。

1949年12月18日，黄龙溪解放。1950年以府河为界，河西佛洞乡、嘉禾乡3个保划归华阳县第六区管辖；嘉禾乡府河以东3个保，因回水弯而命名为回水乡。1955年10月，回水乡并入红花乡。11月，黄龙乡与佛洞乡合并为黄佛乡。1962年1月，从籍田、红五、红花3个公社各划出一部分大队，再次建立仁寿县籍田区回水人民公社。1965年3月，华阳县建置撤销，并入双流县。1976年1月，仁寿县所属的籍田区全部划归双流县管辖，至此，镇域全境属双流县管辖。

1992年10月，黄佛乡与回水乡合并，设置黄龙溪镇。辖原黄佛乡东岳、苏华、华严、团兴、黄佛、古佛、青山、联合、嘉禾、皇坟、陈新和原回水乡大河、小河、菜坝、川江、拾字、响水、毡帽、大坪19个村。2015年12月，撤销双流县，设立成都市双流区。黄龙溪属双流区。2016年3月26日，黄龙溪镇增挂“成都市双流区黄龙溪街道办事处”牌子，辖古佛、东岳、华严、嘉禾、响水、川江、大河7个村和黄龙社区。

村、社区

古佛村 古佛村由原青山村和古佛村合并而成，位于黄龙溪镇北部，与华严村、东岳村、嘉禾村、彭山区牧马镇莲华村接壤，紧临四川省旅游学校。双黄路（双流—黄龙溪）、中黄路（中兴—黄龙溪）穿境而过，锦江、古佛堰流经全村。古佛村以蔬菜、水果、经济作物、水产、家禽为主导产业，有双流区标准化蔬菜生产基地1个，面积600亩；农业园区初具规模，入驻企业9家，流转农用地800余亩，出产绿苹果、阳桃、西洋菜、青豆、番石榴、四季豆等主要农产品；全村有农业规模经营业户26家，其中养殖户5家、种植户21家，有家庭农场2家、现代农庄2家；共有塘堰51口，面积300余亩。全村有工业企业6家、餐饮服务业13家、旅馆2家、殡葬服务业2家。2016年，村域面积6.9平方千米，耕地面积4708亩，辖8个村民小组，户籍数1184户，户籍人口3897人，其中男1973人，女1924人。全村经济总收入8565.61万元，人均收入21980元。

华严村 华严村由原苏华村和华严村合并而成，位于黄龙溪镇西北部，处于双流区与新津县交界处。东与东岳村、古佛村接壤，南与彭山区武阳乡莲花村相邻，西与新津县普兴镇养正村相连，北接永安镇。村民经济收入主要来自传统种植业、养殖业和外出务工。华严村盛产二荆条辣椒、莲藕、柑橘、地瓜籽，以及各类新鲜蔬菜。2016年，村域面积8.27平方千米，耕地面积5613.5亩。辖7个村民小组，户籍数1009户，户籍人口2947人，其中男1496人、女1451人。全村经济总收入6600.69万元，人均收入22398元。

嘉禾村 嘉禾村位于黄龙溪镇北1000米处，依锦江河道走势而建，是黄龙溪陈、温、向、李、应等大姓集中居住之地，也是锦江航运的重要码头之一。中华人民共和国成立前，曾在此设嘉禾乡。中华人民共和国成立初并入黄龙乡，曾为乡政府驻地。嘉禾村地下水资源丰富，建有塘17口、蓄水池12口、提灌站3处。全村以嘉禾庄为中心，建有数条树枝状村社道路。历史上，嘉禾村人才辈出，被誉为“仁寿革命的摇篮”。嘉禾村天齐寺官学是较著名的学校，培养了仁寿、彭山、新津、华阳等地一大批有志青年。走出了早年加入同盟会的向传义；中共地下党员许寒冰；曾任中共中央组织部副部长的陈一平；早年创办嘉禾庄小学，后出任四川省农业科学院院长的温小兰；当代科学家、南极科学考察队员李家清等人。2005年，嘉禾村纳入黄龙溪镇城镇新区规划范围，为黄龙溪镇政府、派出所、卫生院、文化站、工商所等行政职能部门和中国电子科技集团公司、四川省旅游学校、黄龙溪镇客运站、黄龙溪公立幼儿园所在地，建成嘉禾庄村民集中居住区。2016年，嘉禾村辖8个村民小组，户籍数1468户，户籍人口4541人。全村经济总收入11430万元，人均收入25170元。

响水村 响水村距黄龙溪古镇3000米，2004年由原毡帽村、响水村合并而成，毗邻华严村、大河村、川江村，邻东风渠末端。鹿溪河沿村北流过。响水村以农业为主导，有水泥厂、沙石厂等小型企业。全村流转林地4600余亩，退耕还林628.38亩，其中薄壳核桃398.68亩，巨桉229.7亩。成立巨桉种植专业合作社，种植巨桉1500亩；种植企业1家，种植速生丰产林；标准化规模生猪养殖场2个，占地520余亩，年出栏生猪2万余头。主要农产品有洋葱、南美梨、干梅子、杏、橙子、西洋菜、青椒、洋芋、木瓜等。2016年，村域面积8.44平方千米，耕地面积3984.01亩。辖7个村民小组，户籍数933户，户籍人口2932人。村级经济总收入5120万元，人均收入17462元，村集体收入4.2万余元。

川江村 川江村位于黄龙溪镇东部，2004年由原拾字村、川江村、大坪村合并而成，东南与成都天府新区籍田镇隔鹿溪河相望，新籍黄路（籍田—黄龙溪）贯村而过，西南毗邻响水村、大河村、华严村。北与永安镇双坝村、梨园村相邻。川江村以种植水稻、油菜、蔬菜、红花生、四季苔菲、地瓜籽、二荆条辣椒等农产品以及养殖畜禽水产为主。至2016年，有猕猴桃140亩，青花椒400亩，农业专业经济合作社4个，采取“党支部＋合作社＋基地农户”的模式种植约400亩油橄榄。高家坝果蔬基地专业合作社采取“合作社＋农户”模式，按土地承包面积支付农户租金，年终按利润分红。工业企业有预制厂、家具厂、造纸厂、地毯厂、电子仪表厂、铅笔厂等。2016年，村域面积7.1平方千米，总耕地面积3209亩，林地面积4300亩。辖8个村民小组，户籍数987户，户籍人口3060人。全村经济总收入5907.94万元，人均收入19307元。

川江村寿湖桃源（2018年） 黄龙溪镇 提供

大河村　大河村位于黄龙溪镇东部，2004年由原菜坝村、大河村、小河村合并而成，东与川江村相邻，南与响水村接壤，西与黄龙社区、嘉禾村相连，北靠川江村和永安镇双坝村。锦江、鹿溪河穿越村境，锦江大桥、古镇廊桥、新老籍黄路、正回路（正兴—回水）纵横交错，交通发达。村级经济以农业为基础，主要作物有马铃薯、柚子、莲藕、阳桃、角瓜等。工业企业有饲料加工厂、油墨厂、地毯厂等。2016年，村域面积6.4平方千米，耕地总面积1707亩。辖7个村民小组，户籍数1037户，户籍人口3506人。全村经济总收入6634.40万元，人均收入18923元。

东岳村　东岳村位于黄龙溪镇北部，2004年6月由原黄佛村、团兴村、东岳村合

美丽新村——东岳村（2015年）

并而成。与永安镇白果村、三新村相邻，与黄龙溪镇华严村、古佛村接壤。东岳村交通便捷，成都市第二绕城高速公路、双黄路、大黄路（大邑—黄龙溪）、中黄路贯通全村，元华路直达成都市区。东岳村是双流区新农村建设试点村，村内保持了完好的川西林盘环境和农地灌溉体系。2010 年通过土地综合整治，建成白马滩、黄佛两个新型农民集中居住区，居住区内多建有别墅，种满葡萄树等果树，集种植和观光休闲双重功能于一体。2011 年 3 月，东岳村成立黄龙溪东岳村资产管理有限公司，对全村资源进行集中管理和经营。2016 年，村域面积 6.8 平方千米，辖 9 个村民小组（24 个小社），户籍数 1521 户，户籍人口 4903 人。全村经济总收入 10716.49 万元，人均收入 21857 元。

袁浩 摄

黄龙社区 黄龙社区位于黄龙溪镇南部，由原皇坟村、陈新村、黄龙溪场镇和古佛洞场镇合并而成，与嘉禾村、彭山区武阳乡相邻。境内锦江、鹿溪河两江交汇。社区地处国家 AAAA 级旅游景区黄龙溪旅游中心地带，社区经济以旅游业为龙头，共有单位 60 余家，个体经营户 1000 余户。社区固定资产 1000 余万元，年纯收入 60 万元以上。先后获得“国家级人口和计划生育基层群众自治示范村”“四川省环境卫生优美村庄”“成都市基层残疾人群众文体活动示范站”“优秀党支部”等荣誉。原陈新村，是一块孤悬于彭山县（今彭山区）境内的近千亩“飞地”。陈新村在 1950 年前属“仁寿县嘉禾乡二甲，地名沈家坝”。《双流县志》（1992 年版）载：1950 年 9 月 5 日，西南行政公署派员组织

黄龙社区党群服务活动中心（2018 年）

黄龙溪镇 提供

黄龙社区图书阅览室（2018 年）

黄龙溪镇 提供

华阳、彭山、仁寿三县举行划界会议，华阳县属顺河乡划归彭山县辖。仁寿县属佛洞乡、嘉禾乡、苏秦乡第一和七保划归华阳县管辖。1951 年，嘉禾与沈家坝分设“新建村”。1985 年，地名普查时，双流县有十多个“新建村”，故从陈家滩取个“陈”字，原新建村中取个“新”字，取名“陈新村”。后在并村建设社区时更名为“黄龙社区”。1994 年勘界，彭山、双流两县以历史档案为据，再次确认这块“飞地”事实。陈新村“飞地”原有 4 个村民小组，2005 年推行并乡并村并社政策后，只剩下 2 个村民小组，人口 700 余人，140 多户，集中居住在贾家大院和李家大院、潘家大院、周家大院、唐家大院。2016 年，社区面积 2 平方千米，耕地面积 612 亩，辖 7 个居民小组，户籍数 1511 户，户籍人口 2946 人。

区位　交通

区位　黄龙溪镇地处成都市双流区南部边缘，牧马山中段以东，龙泉山中段以西。镇政府驻地嘉禾村 7 组 207 号（黄龙大道四段 2799 号），地理坐标为北纬 30°17′，东经 103°58′。全镇辖区面积 50.4 平方千米，东邻成都市天府新区籍田镇，南接眉山市彭山区净皇乡，西与彭山区府河乡、新津县普兴乡接壤，北靠成都市双流区永安镇。黄龙溪古镇距成都市区 36 千米，距双流城区 34 千米，距成都双流国际机场 30 千米，距天府新区华阳街道 28 千米，属于成都天府新区核心区 15 分钟经济圈和天府新区文化生态休闲区。

交通 秦汉时期，黄龙溪地处古蜀国南面水道的咽喉部位，是锦江重要的码头。隋唐至清以来，黄龙溪依靠水运，一直是成都平原上重要的商品集散枢纽。解放后，随着陆路交通发展，锦江水运快速萧条，至 1960 年，黄龙溪水运几近消失。60 年代，由原回水乡村组筹款出力修建一条长 4000 米、宽 3 米，从回水乡至借田铺（籍田镇）的乡村公路，1965 年改（扩）建为简易公路，1971 年将路基加宽加固，路基宽 7.5 米，部分路段为碎石路面。1967 年，中（中兴镇，今成都市天府新区华阳街道）彭（今眉山市彭山区）路永安镇至黄龙溪段路基工程竣工（黄龙溪境内全长 14.5 千米），1976—1979 年，中彭路全线按四级公路技术标准改建，基本实现晴雨通车。1979 年，黄龙溪至华阳汽车客运开始开通，车辆为解放牌汽车，上置条凳供乘客坐，时称“农村公共汽车”。1981 年，黄龙溪镇与双流县公路连通，客货汽车通行，公共汽车正式开通（每日 8 个班次），黄龙溪镇路网建设开始步入科学规划、快速发展阶段。至 2005 年，黄龙溪镇镇级以上公路长 209 千米，村级公路长 187 千米，形成了东通籍田、仁寿，南通彭山至眉山，西通新津、大邑，北通双流、华阳至成都，并与成雅路（成都—雅安）、成乐路（成都—乐山）、成昆铁路等相连的辐射型交通网。镇内形成村村通、社社通的交通网。2013 年，镇域交通融入成都市交通枢纽建设。2016 年，直通成都市主城区的剑南大道延伸至黄龙溪镇东岳村，并与成都第二绕城高速公路互通，进一步完善了黄龙溪镇连通周边市县四通八达的交通网络。

自然环境

地质地貌 黄龙溪镇域地貌分为坪坝和浅丘两个类型。黄龙社区、嘉禾村、古佛村、大河村及部分川江村属坪坝地区，其余村落属浅丘地区。坪坝地区在地质上属新生代断陷盆地，为河流冲积形成，沿岷江水系组成河漫滩，沿锦江两岸，多为灰色冲积物滩和一级阶地。壤质沙土，距河较远的多为泥质壤土，地势平坦，土层深厚，土质疏松，有利于各种植物生长，水旱轮作，一般一年两熟，三熟很少。主产水稻、小麦、油菜籽，是商品粮基地。浅丘地区在地质构造上属于地壳缓慢上升区，但又有间歇性下降地区，主要构造是剥蚀型，龙泉山脉北端多为黄色壤土，南端多为紫色壤土，牧马山以黄色黏土为主。主产水稻、小麦、油菜籽，以及其他经济作物，仅次于坪坝地区，是粮油经济作物基地。

黄龙溪境内缓丘起伏，主要有龙泉山脉和牧马山脉山系中部。龙泉山脉，位于黄龙溪镇东南，轴向 30°，倾角 20° ~ 30°，属侏罗系上统上沙溪庙组，与下盘白垩纪系上统灌口组直接接触。龙泉山脉在镇内因压扭性节理形成低山、丘陵地带。海拔 435 ~ 555 米。牧马山脉，位于黄龙溪镇西北，属台地地貌，其中部经黄龙溪镇。在黄龙溪境内的牧马山地层倾角 3° ~ 10°，为一宽缓的向斜构造，海拔 435 ~ 507 米，高出河面 10 ~ 30 米。下伏地层为白垩纪系灌口组、夹关组和天马山组等，内有隐伏断层。

河流

流经镇域的主要河流有锦江、鹿溪河。

锦江 古称府河，又名都江、内江、濯锦江，属岷江水系。锦江自永安镇白果村入境，西岸沿东岳、古佛、嘉禾等村流至黄龙社区，在黄龙溪古镇与鹿溪河汇合后流出，入眉山市彭山区毛家渡。2000 年后，四川省人民政府将之命名为锦江。

鹿溪河 古称赤水河、芦溪河，又名兰溪，属山溪河流。鹿溪河发源于龙泉山脉中段西麓，在成都市天府新区籍田镇与源出龙泉山脉南段的柴桑河、龙眼河汇合，向西流入黄龙溪镇川江村（北岸）、响水村（南岸），经大河村后，汇入锦江。由于鹿溪河上游源自龙泉山，汇纳山溪水，呈赤红色，故“溪水浊”；而来自锦江的江水，源于岷江，经过成都平原缓流沉淀，江水清澈，故“江水清”。当两水在黄龙溪古镇汇合时，清浊二水，泾渭分明，谓之“黄龙渡清江”，尤其在洪水季节特别明显。

气候 黄龙溪属于四川盆地亚热带湿润气候区。年平均气温 16.3℃，年平均气压 95600 帕；年平均雨量 932.5 毫米，平均相对湿度 83%；年平均日照 1236.3 小时；风向主要是南北风和北偏东北风，历年最大风速 1.9 米 / 秒，平均风速 1.2 米 / 秒。

自然资源

黄龙溪镇的自然资源主要包括植物资源、动物资源和建材资源。

植物资源 黄龙溪镇属四川盆地亚热带湿润气候区，雨量充沛，土地肥沃，适宜竹、木生长。居民住房附近大多种植有茂密的竹、木。2005 年，全镇竹林坪坝区、浅丘区面积达 1490.1 公顷，林木覆盖率超过 29.6%，其中林地面积 645.95 公顷。林木多为次生林，以亚热带常绿树为主。栽种的竹子有慈竹、硬头黄竹、斑竹、白甲竹 4 种，2000 年以后，相继引进数种食用竹。主要林木种类有马尾松、湿地松、杉树、柏树、桉树、青冈树、楠木、香樟树、黄连木、皂角树等。

动物资源 镇域内的动物主要有兽类、禽类、虫类和水产类。兽类主要有水牛、黄牛、奶牛、山羊、猪、兔、猫、狗。在山地森林有野生兽类，如黄鼠狼、野猫、田鼠、

黄龙溪古镇一景（2018 年） 黄龙溪镇 提供

蝙蝠、野兔等。禽类分为家禽和野生禽。家禽主要有鸡、鸭、鹅、鸽、鹌鹑。野生禽有麻雀、乌鸦、啄木鸟、喜鹊、画眉、翠鸟、黄鹂、猫头鹰、白头鹎、鸬鹚、老鹰、雀鹰、斑鸠、野鸡、布谷鸟等。虫类主要有桑蚕、蜜蜂、蝴蝶、蜻蜓、蚯蚓、蝉、蜈蚣、螳螂、蜗牛、蚂蚁、竹象、蚱蜢等。流经镇域的锦江、鹿溪河及其支流、堰塘均盛产鲤鱼、鲫鱼、鲢鱼、草鱼、鳖甲、乌龟、白鲢、沙塘鳢、青鳝、非洲鱼、螃蟹、河虾、泥鳅、鲭鱼、田螺、黄颡鱼等。

建材资源 镇内建材主要有红砂岩、黄黏泥、页岩和芒硝。红砂岩主要分布于牧马山麓和龙泉山脉缓坡丘陵地带的古佛、响水、大河、川江等村和黄龙社区，平均分布厚度在10米以上，储量非常丰富。20世纪60年代至90年代初，各村（村办企业）设有条石厂，生产条石和石板等，供应区县内外建筑市场。黄黏泥镇内分布很广，凡丘陵、山地村社均有，其土质良好，既适于种植多种农作物，又可烧制砖瓦土陶。页岩主要分布于东岳、古佛、大河、川江、响水等村，可烧制页岩砖，仅古佛村就有7家页岩砖厂，其产品供应周边县市的建筑市场。芒硝主要分布于华严村。60—70年代国家矿产地质队勘测，华严村芒硝含量非常丰富，深度达125米左右，只是仍未开采。

人口 姓氏 民族

人口总量 2000年，黄龙溪镇开展人口普查工作。全镇总人口26250人。其中，男性14172人，女性12078人。2016年，黄龙溪镇辖古佛、东岳、华严、嘉禾、响水、川江、大河7个村和黄龙社区，共61个村民小组，户籍人口28732人，总人口29457人。

人口构成 2016年，黄龙溪镇总人口中农业人口23199人，城镇人口6258人；60岁以上3706人（男性1926人，女性1780人），占总人口的12.58%；90岁以上31人（男性8人，女性23人）；文化程度，本科以上学历62人，专科学历158人。

姓氏分布 2016年，黄龙溪镇共有153个姓氏，千人以上前五位姓氏为李、陈、罗、付和张，其中李姓最多，为2325人。东岳村100人以上的姓氏为罗、付、陈、张、周、李、杨、徐、林、刘、马、石、王，其中罗姓最多，为580人。大河村100人以上的姓氏为陈、李、周、张、刘、杨、王，其中陈姓最多，为279人。嘉禾村100人以上的姓氏为李、陈、应、王、刘、罗、潘、张、毛、徐，其中李姓最多，为812人。响水村100人以上的姓氏为苏、贾、祝、李、邓、张、陈，其中苏姓最多，为308人。川江村100人以上的姓氏为李、周、王，其中李姓最多，为298人。古佛村100人以上的姓氏为陈、罗、付、李、张、辜、黄、刘、王、许，其中陈姓最多，为640人。华严村100人以上的姓氏为付、张、李、王、杨、肖，其中付姓最多，为325人。黄龙社区100人以上的姓氏为罗、李、陈、贾、张、王、杨、刘，其中罗姓最多，为401人。

移民安置 黄龙溪移民来自四面八方，主要以长江中下游、东南沿海一带的民众为主，时称“湖广填四川”。经实地调查：黄龙溪镇现有居民中，有钟、李、邬、赖、谢、杨、唐、夏、贾等姓氏的人家，仍称呼自己的祖父、祖母、父亲、母亲为阿公、阿婆、阿爸、阿吙。

20世纪70年代中后期，有260名知识青年到黄龙溪镇落户，后全部返城。2001年8月3日—2006年5月28日，四川省雅安市汉源县大树镇村民因瀑布沟电站工程迁徙到黄龙溪镇古佛村、嘉禾村，共有62户200人，其中有土安置170人，养老保障28人，非农随迁2人。

民族融合 古蜀时期，“叟人”与黄龙溪原住民融合。《华阳国志·蜀志》载：开明帝第三代为保子帝，“帝攻青衣，雄张僚、僰”。其时，黄龙溪属西南夷之地。东汉建安二十四年（219），诸葛亮将黄龙溪作为南征的大本营，迁民数千人至黄龙溪。南征后，“叟人”归至其麾下，实现了黄龙溪民族的第一次融合。

西晋时期，流民李特、李雄在蜀建立“成汉政权”。其后，大量僚人迁徙入蜀，黄龙溪的人口和劳力大幅度增加，实现了黄龙溪民族的第二次融合。

南宋端平三年（1236）十月，蒙古兵攻破成都。南宋淳祐二年（1242），蒙古兵再占成都，并沿江经黄龙溪镇破乐山，黄龙溪复遭蹂躏，人口大减。后黄龙溪为戍镇之一，军中的蒙古族、回族等士兵与黄龙溪原住民长期共同生活，实现了黄龙溪民族的第三次融合。

经济发展

经济总量 中华人民共和国成立后，黄龙溪农民分到了田地，拥有了自己的生产资料，至70年代，黄龙溪基本上从事传统的农耕生产和简单的商业活动。中共十一届三中全会以后，黄龙溪农业、工业、商业快速发展。80年代中期，黄龙溪被影视界发现，随后旅游业逐渐兴起。1992年黄佛、回水两乡合并设置黄龙溪镇后，黄龙溪围绕旅游调结构，以实施土地重组（集中规模经营）为核心调整农业产业结构，以产权制度改革为核心，实施多种形式的改革，加强企业管理，推进改制重组和技术革新，以“水”“古”“龙”为特色打造旅游品牌，大力发展旅游业。2011年，全镇完成固定资产投资4.2亿元，完成工业投资1.22亿元；实现农村经济总收入3.7亿元，农村人均纯收入1.06万元；实现旅游收入5.24亿元。2013年，黄龙溪招商引资总到位资金12.9亿元，成功引进北京曙光公司成都云计算中心、力思特生物制药、国际影视文化小镇等重大项目3个；重点项目投资达3.2亿元，工业经济连续三年突破亿元大关。2016年，全镇完成固定资产投资4.12亿元，招商引资到位资金3.38亿元；城镇居民人均可支配收入41420元；一、二、三产业结构比为50∶19∶31。

农业 黄龙溪属于四川盆地亚热带湿润气候区，气候温和，雨量充沛，加上锦江、鹿溪河、古佛堰灌溉之利，农作物生长条件得天独厚。农作物以水稻、小麦、玉米、薯类等为主。90年代末，由于经济作物增加，水稻、小麦等粮食作物种植面积呈逐年下降趋势。1998年，黄龙溪镇全面开展以产业结构调整为中心的农业农村工作，以土地重组为核心，实行土地有偿流转承包，土地向业主集中，实行规模化、集团化、效益化经营。在产业结构调整中，全镇分为三大调整区域：以双黄路为中轴，以经济作物、水产养殖为主，建“双黄路高科技农业示范园”；在锦江、鹿溪河沿岸各500米，以栽植食用竹笋为主，建“龙溪小竹海”，大力发展生态观光旅游；在籍黄路沿线和其余村，建设枇杷、丰水梨、核桃、李子等优质水果基地，黄龙溪镇的农业产业结构调整得以全面推进。至2013年，全镇建成粮油高产核心示范片4858亩、精品生态葡萄园600亩，成立专业合作社19家、家庭农场5家、现代农庄6家，推广新品种、新技术13项。生态田园城市示范线“一线一品”建设项目代表双流县通过成都市的检查验收。2014年，全镇打造1000亩葡萄和草莓采摘园，规模集中育秧秧田面积10亩，大小春全程机械化示范片各1000亩。2015年，黄龙溪新增草莓、葡萄、猕猴桃等高附加值农业作物565.4亩，鼓励百安草莓、全民小镇等企业发展“互联网＋农业”产销模式，成功获评成都市农村电子商务试点项目。

工业 80年代，双流掀起了“村村点火，户户冒烟”大办乡镇企业的热潮。1993年，黄龙溪镇有企业497家，其中镇办14家、村办17家、村以下466家，年产值2596.09万元，实现收入2847.44万元。1999—2000年，黄龙溪对已有乡镇企业进行产权制度改革，采取关、停、并、转等多种形式，对企业进行重组。至2005年，全镇有工业企业18家，以竹木有限公司、黄龙溪茶厂、页岩砖厂等为支柱企业，完成工业增加值1856万元。此后，黄龙溪以发展旅游业为主，基本没有再引进工业企业，对已建工业企业进行严格的环境监管。2013年，黄龙溪镇完成规模以上工业增加值1100万元，完成工业投资8000万元。2014年，全镇完成地方税收2384.9万元，规模以上工业增加值0.19亿元。2015年，黄龙溪完成地方税收3182.11万元。2016年，黄龙溪入库在建工业项目3个，完成投资1.6亿元；入库在建技改项目4个，完成投资2.02亿元。

旅游业 80年代中期，黄龙溪被影视界发现，旅游业逐渐兴起。1987年，黄佛乡成立黄龙溪办事处负责黄龙溪景区旅游工作。1992年，成立黄龙溪旅游开发管理委员会，专门从事景区建设管理工作。1992年，黄龙溪镇被确定为四川省历史文化名镇，1997年被评为成都市文明风景名胜区，1998年被列为四川省省级风景名胜区。2005年，总投资300万元完成《黄龙溪发展策划》《黄龙溪旅游发展策划》《黄龙溪古镇保护性规划》等规划，黄龙溪旅游业得到快速发展。是年即投入4174.06万元，进行景区场镇建设和保护。2007年，黄龙溪镇接待游客228万余人，旅游创收1.24亿元，占全镇国民生产总值2.19亿元的56.62%，旅游业成为支柱产业。2013年，黄龙溪镇组建黄龙溪国际旅行社，全年接待游客661万人次，实现旅游总收入6.38亿元。黄龙溪镇相继被评为中国最美生态文化旅游名镇、中国最具特色文化旅游名镇、中国最受游客关注旅游古镇。2014年，推进“上河衢”二期工程、景区核心区及控制区立面风貌改造工作，启动景区公共基础设施建设工作，运用市场资金开展智慧化古镇景区建设，提升景区服务信息化水平。同时，赴韩国、中国香港进行旅游推介和文化交流。2015 年，景区全年接待游客

黄龙溪全景图（2018 年）

670 万人次，实现旅游收入 6.56 亿元。2016 年，黄龙溪成功创建省级旅游度假区，景区全年接待游客 648 万人次，实现旅游收入 69849.73 万元。

黄龙溪镇 提供

社会民生

城镇建设

道路　60年代，回水乡村组筹款出力修建一条长4000米、宽3米的乡村公路，路段从回水乡至借田铺，是当地主要的陆路通道。1997年，完成通往景区的正回路扩建工程。1999年，双黄路9100米道路拆迁工程完成，并投资140万元，完成镇龙街道路改造工程。至2010年10月，相继建成双黄路、大黄路等。2013年，黄龙溪配合实施省、市重大交通项目，完成剑南大道南延线、成都市第二绕城高速公路黄龙溪段。全镇镇村公路总里程达150千米，完成“村村通”公路工程，初步形成了黄龙溪快捷连通周边市县的交通网络。至2016年，黄龙溪镇共有公路214.4千米，城乡基础设施

比利时学生到黄龙溪参加夏令营（2013年）　　黄龙溪镇　提供

四川省旅游学校（2017年）

建设水平、综合承载能力显著提升。

桥梁 旧时黄龙溪有跳蹲桥、二洞桥、十三洞桥等。80 年代后，随着公路交通的发展，先后建成 2 座铁索桥、群英桥、古佛洞五孔石拱桥、二洞桥、跳蹲桥、鸡翅膀二号桥和廊桥等。1993 年 10 月 2 日—1994 年 4 月 9 日，黄龙溪镇在锦江、鹿溪河上分别建设铁索桥，连通两河三岸。2007 年，对鹿溪河索桥进行了维修加固；锦江索桥改建为景观廊桥。廊桥从黄龙溪古镇观景路横跨锦江，连接大河嘴，再跨过鹿溪河，连接响水村，将黄龙溪古镇景区与大河村、响水村连为一体。

公用设施 1997 年，完成日产自来水 5000 吨的黄龙溪水厂建设工程。2000 年，完成古镇保护区“煤改气”工程，实现了古镇保护区“无煤化”；完成黄龙溪场镇电力、通信线路“下地”工程。2016 年，全镇自来水用户 6345 户，供电覆盖数 8215 户，移动通信、互联网络实现全覆盖。

教育卫生 2016 年年末，黄龙溪镇有幼儿园 2 所，有幼师 68 人，在园幼儿 525 人。有九年一贯制学校 1 所，占地 115 亩。有教师 100 人，其中小学一级教师 2 人、二级教师 5 人、三级教师 18 人；中学一级教师 5 人、二级教师 8 人、三级教师 20 人。有 38 个教学班，在校学生 1505 人，入学率 100%，毕业率 100%。四川省旅游学校有教师 189 人，有 42 个班级，在校学生 2762 人。

黄龙溪镇 提供

心有灵犀（2017 年） 龙门山人 摄

黄龙溪镇卫生院占地 28 亩，建筑面积 4200 平方米，有门诊大楼、住院部大楼和康复楼各 1 幢，住院部开放床位 68 张，在岗职工 56 人，其中卫生技术人员 47 人，包括职业医师 16 人，职业护士 11 人，具有高级职称的 2 人，具有中级职称的 6 人。

民生保障　2016 年，全镇实现基本医疗参保 17433 人，大病医疗参保 3894 人。完成 29 户 110 人精准扶贫户脱贫任务，实现人均增收 1820 元，同比增长 12%。按时发放 256 户 460 人城乡低保户民政款，发放优抚资金 145.5 万元，发放高龄补助金 118.24 万元，全年对低保、五保、困难优抚对象等实行医疗一站式救助 112 人 19.9 万元。

人民生活　2016 年，黄龙溪镇城镇居民人均可支配收入 41420 元，增幅 8.7%；农村居民人均可支配收入 22398 元，增幅 9%。

黄龙溪廊桥（2017 年）　　孟蓓　摄

古镇风貌

黄龙溪的“古”，不仅是其已有2100多年的历史，底蕴深厚，一镇即以古街巷、古民居、古衙门、古寺庙、古码头、古堤、古佛堰、古树、古战场和古崖墓的“十古”著称；而且，古镇还拥有“一街三寺庙”“三县一衙门”“千年古树伴古镇”等奇特景观。石板铺就的街道，飞檐翘角干栏式吊脚楼，乌黑发亮的门板，古色古香的招牌，一切都透着浓浓古意。

HUANGLONGXI TOWN
黄龍溪

古镇格局

因水而生　黄龙溪因水而生，以水而兴，地处锦江、鹿溪河交汇处，航运业繁荣，是成都通往乐山、宜宾、重庆的水路要冲。宋代建镇后，凭借优越的水运条件，一跃成为成都重要的物资集散中心与交易市场。黄龙溪河面“日有千人拱手，夜有万盏明灯”，一派百货山积、帆樯如林的景象，被誉为“千年水码头”。

黄龙溪镇“聚落为体，建筑为纲”。街巷是黄龙溪古镇的骨架，以黄龙正街为主线，其他街巷或斜交，或垂直，形成独特的“龙”形空间。皇坟山、牛头山、观音山、天灯山、象山等群山环绕，鹿溪河与锦江交汇于此，有“群山环卫，朝抱有情”之景，含“河水之弯曲乃龙气之聚会”之意，藏风聚气。

合理布局　1982 年，黄龙溪镇被列入双流县旅游发展规划，在原古镇格局的基础上进行改造。改造分为核心保护区、景区拓展区和外围扩散区三个板块，突出“龙”的元

田园牧歌黄龙溪（2017 年）　李言　摄

素。核心保护区总体保持清代“龙”骨形路网的传统格局，沿古街两侧，有清代保存下来的前店后居的联排式 1 ～ 2 层民居店铺 100 余间共 76 户。民居建筑均为悬山式青瓦屋面、穿斗木结构、竹编夹壁粉墙，部分建筑两侧砌有封火山墙，临街建筑多为檐廊式建筑，临河边为“干栏式”吊脚楼民居建筑。古镇建筑亲切宜人，街巷幽深静雅，街景错落有致，富于变化，空间轮廓丰富，建筑精巧，垂柱、挂落、撑弓木雕精致，屋脊、墙头灰塑细腻，具备传统小镇的空间特色和建筑品质。黄龙溪扩散景区在鹿溪河口上游 3 千米，景区有大佛寺和大悲院。2016 年，黄龙溪利用原有的生态格局与人文底蕴，打造“十里八湾”的新型布局。“十里”为串接核心景区、特色项目与生态田园的水廊；“八湾”包括黄龙湾、花田湾、龙潭湾等八大弯道。

古街巷

黄龙溪古镇核心区有复兴街、黄龙正街、新街、仿清街、上河街、下河街和横街 7 条古街，街面全由石板铺就，宽约 3 米，总长 1146 米。沿街两侧建筑多为穿斗木结构或砖木结构、形式多样的传统川西民居建筑，数量多而集中，造型古朴，保存完整，形成了独具特色的古镇风情，被誉为“川西一绝”。

复兴街 复兴街原为小巷，民国年间改建成一条街道，长约 100 米，宽约 3 米，街面全由石板铺成。街道两旁为木板民居，廊柱排列有序，门基采用当地红砂岩构成，门框、门板材料全部采自于大山老树木。风貌保存最为完整，是古镇重点保护街道之一。

新街 与复兴街平行，原称背街，两廊檐柱排立，傍水而筑，体现了古蜀民居“干栏”文化特色。80 年代以来，沿街增建很多仿古建筑，集中有餐饮、零售业店铺。新街虽然不是一条老街，但与古镇非常协调。街上有小桥流水、古牌坊。最独特的韵味是引水入街，20 米宽的街道中间，流淌着一条清澈见底的小溪，让古香古色的街道变得灵动，充满生机。

复兴街（2008 年）　　黄龙溪镇　提供

仿清街入口处（2007 年）　　黄龙溪镇　提供

仿清街　仿清街位于古镇核心区，与复兴街、新街、下河街相交，长 370 米，宽 6 ~ 8 米，街道建筑属于明清院落风格，多为前店后居式 2 ~ 3 层砖木结构建筑。2010 年，黄龙溪古镇启动二期工程，对仿清街临街建筑统一实施川西民居保护性修复改造，增加水廊、露台、门坊等景观，对街上原有树木均严格保护，并适当间种古木大树，与原有及新增建筑有机融合，形成浑然天成的空间景观。采用点、线、面的构成手法，将三国文化中的“桃园结义”“火烧赤壁”“隆中对”“三顾茅庐”等典故艺术抽象化为“桃林”“山石”“竹林”“茅庐”等景观景点，形成以三国文化为主题，以经营酒吧为主，咖啡馆和特色餐饮为辅的美食一条街。

上河街、下河街　上河街和下河街原是临锦江的两条河街，全长 300 余米，宽约 3.5 米。东端为渡口码头，中段为烟市巷，西端为水码头，成“一”字形，平行于锦江。街巷狭窄，房屋低矮，均有檐廊挑出。街东侧的建筑一面临街，一面临河。临河一面的建筑，由于地形条件的限制，多为吊脚楼。街上的竹编、草编、扯响簧、泥塑、纳鞋底、打草鞋、扎花环、扎昆虫等让人目不暇接。古时，上河街、下河街由于临近锦江，来往场镇、进出码头的客商、行人和船工、渔民，无不在小街云集，造就了锦江上百舟待发，码头上人流如潮，小街上熙熙攘攘，一派繁盛景象。昔日一些学子，也慕名驻足于

黄龙溪古街（2017 年）　　刘俊文　摄

黄龙溪古镇。1913 年，郭沫若求学成都，曾经路过此地。暑假期间，郭沫若偕友乘船返故乡乐山沙湾。途中，船泊黄龙溪，游古佛洞，又专门夜宿街上的客栈。电影《卓文君与司马相如》的影视还原点也位于街上的文化茶园。90 年代，临河一侧兴建了一列建筑，沿河又筑有新路，成为滨河休闲长廊。

黄龙正街

黄龙正街是古镇重点保护街道之一，也是古镇文化风情一条街。旧时即为主要的商业街，当铺、赌坊、钱庄都设在黄龙正街上，这些古迹保存尚好。黄龙正街总长约 250 米，街面全由青石板铺就，平均宽 3.44 米。两边是餐馆和店铺，中段为码头。这条街最大的特色是“一街三寺庙，三县一衙门”。街上摆放的水缸别具一格，缸体精心雕刻了荷花、莲花等具有廉政教育意义的浮雕，同时还有体现农耕文明的二十四节气的浮雕。

当铺　黄龙溪自古即是三教九流会聚的商贸重镇，官差庶民、士子商贩、僧道居士各色人等云集此地，货币流通异常频繁，其中因生意、生计或生活的原因需要现钱者，把当物送进当铺，即刻换取一张白毛边纸、印有蓝字的当票，当期 12 个月为满，到期还可以宽限 5 天，逾期不赎，听凭变卖，虫蛀霉烂听天由命。解放前，黄龙溪有一家当

黄龙正街（2017 年）　　李思健　摄

兴隆典当（2016 年）　　黄龙溪镇　提供

古赌坊（2012 年）　　黄龙溪镇　提供

铺，解放后取消。

赌坊　旧时，作为水陆码头和商贸重镇的黄龙溪古镇，会聚了四面八方、形形色色的人群，其中不乏好赌者。于是赌场、赌馆顺势而生。其实赌会名堂花样百出，有“死堂子”“摆片子”等形式；赌博方式极其繁多，如猜数字、甩钱儿、掷骰子、押红宝和风行全球的打麻将等玩法。赌博者既靠牌运顺当，也存侥幸取胜心理，往往还有庄家的骗术在内。解放后全部取消。

钱庄　解放前的黄龙溪，船来舟往，经济较为繁荣，钱庄应运而生。钱庄是中国封建社会后期的一种金融信用机构，主要起到一个保管的作用，一个人不能随身带着很多

万盛钱庄（2017 年） 李思健 摄

铁匠铺（2017 年） 李思健 摄

银两到处走动，在一个地方存入，可以在其所覆盖的范围内的钱庄取钱，这样就起到了方便、安全的作用。解放后，钱庄多数停业。

铁匠铺 地处成都平原南部的黄龙溪古镇，坝丘相间，水旱从人，农耕文化源远流长。因水运的发达和商贸的流通，也给古镇带来先进的农业生产工具和技术，铁匠铺就是这段历史的见证者。昔日集市上，一间瓦房，一个火炉，一架风箱，一个砧子，便开始了打铁的营生。在一阵叮叮当当的捶打声中，各式生产农具，如铲、锄、镰、耙，以及各种生活用品，如刀、剪、刨、钳等便锻制出来了。

横街 横街狭窄而热闹，总长约 50 米，宽约 3 米，街面全部用石板铺成，两旁廊柱排列有序。街道以老川西民居建筑“院落风格”为主，是古镇重点保护街道之一。

九巷子

黄龙溪街面狭窄，遇到赶场更是拥挤不堪。因此，有的小巷和巷口还用于交易某种农产品或方便赶场农民放置扁担、竹筐等用具，故有烟市巷、鱼鳅巷、扁担巷、篙竿巷、艄公巷、担水巷、蓑衣巷、龙爪巷、鸡脚巷等 9 条巷子。巷子长短、宽窄不一。每条巷子有巷名标识、文字介绍、各色格调装饰，配上“卖烟图”“扁担图”“卖鱼鳅图”等，以表现不同文化内涵，俗称“九巷子”，构成一道亮丽的古镇风景线。

扁担巷（2017 年） 李思健 摄

扁担巷 旧时运输主要靠人力，扁担、箩筐成为基本的工具，被广泛运用。此巷是黄龙溪场镇专门买卖扁担的市场，故有“扁担巷”之名，巷子长 26 米，宽 1.3 米。

烟市巷　旧时为古镇烟叶买卖的市场，巷子长 30 米，宽 2 米。

鱼鳅巷　旧时为赶早市买卖鱼鳅的巷子，巷子长 70 米，宽 3 米。

担水巷　居民习惯经过此巷去取水，故名“担水巷”，长25米，宽1.6米。

蓑衣巷　是人们买卖蓑衣的巷子，巷子长 28 米，宽 2.4 米。黄龙溪有“蓑衣蓑衣，热天挡雨，冷天当衣”的说法。

艄公巷　黄龙溪是水码头，撑船为业的艄公很多。艄公地位高，脸面大，上下船只专走此巷，故名“艄公巷”，长 16 米，宽 1.5 米。

篙竿巷　是供船工放置工具的巷子，长 24 米，宽 1.6 米。篙竿排放在巷子里，成为水码头一大景观。

龙爪巷　黄龙溪古镇

烟市巷（2014 年）　　黄龙溪镇　提供

鱼鳅巷（2017 年）　　李思健　摄

龙爪巷（2017 年）　李思健　摄

鸡脚巷（2012 年）　黄龙溪镇　提供

街巷格局呈“龙”形，此巷弯曲像龙的爪子，长 30 米，宽 1.6 米。

鸡脚巷　古镇船工出航，要杀鸡祭河，鸡脚巷是船工提着鸡脚下河上船的通道，故名“鸡脚巷”，长 30 米，宽 2 米。有俗语：“鸡脚神，鸡脚巷，提只鸡脚把船上，血祭船篙行安全，鸡肉午晚煮锅汤！”

古民居

古镇有古建民居面积 3.12 万平方米，其中极具保存价值、特征鲜明、结构良好的传统建筑有 1.37 万平方米，保存完好的传统清代民居 76 套（座）。此外，有陈家大院、杨家大院、唐家大院等 4 座传统川西民居大院，建筑面积 2000 余平方米。有木结构、砖木结构，有抬梁式、穿斗式、硬山式、悬山式、歇山式，临河为吊脚楼，各具特色。它体现了古蜀民居“干栏”文化的特色，有较高的历史文化价值。建筑绝大部分都按清代《工部则例》建筑，多为穿斗木结构，小木楼栏杆窗棂镂刻精美，一楼一底居多，傍水而建，清新秀丽。众多古民居建筑形成古街坊。过街楼，是黄龙溪传统街巷的一种附属建筑形式，也称“耳楼”，属吊脚楼的一种。过街楼穿行于相邻木楼之间，不但巧妙利用空间，还增添了景观特

吊脚楼（2013 年） 黄龙溪镇 提供

色，丰富了民居内涵。从楼下穿过，偶一抬头，雕花窗装饰美观优雅，令人遐想。

吊脚楼 大多沿锦江沿岸建造，在黄龙溪古镇和古佛洞半边街，房屋临河一面，伸出长长的“脚”，深深地插进锦江，与搭在河岸上的另一边墙基共同支撑起一栋栋、一排排 2 ~ 3 层高的楼房。部分吊脚楼建在岸边的平地上，用粗大的木桩把楼房从地面撑起，楼上木板壁墙，雕花窗户，或盖小青瓦，或盖茅草，或盖树皮。吊脚楼底层架空，既可防水、防潮，也可防备兽类侵袭。民国时期，黄龙溪屡遭洪灾，沿岸居民纷纷对吊脚楼进行改造，或用条石加固，或用砖、混凝土提高岸基，使吊脚楼更加坚固，能够抵御洪水的侵袭。90 年代后，随着黄龙溪旅游的发展，黄龙溪镇政府统一规划，将吊脚墙壁统一刷白，不少居民还将砖柱、砖壁贴上了白色瓷砖，从河对面看过来，或“吊”在水面，或“吊”在半岸，高低错落，飞檐翘角，好像空中楼阁，已成为古镇旅游不可多得的景观，彰显了传统建筑文化的魅力。

唐家大院 位于黄龙社区鱼鳅巷 1 号。当地又称“唐家烧酒坊”，是黄龙溪的老字号。清末、民国年间，黄龙溪古镇市面繁华，行业众多，仅酿酒作坊就有 4 家，由唐氏、刘氏、曹氏、罗氏 4 个业主经营，其中以“唐家烧酒坊”名气最大，其烧坊酿制的白酒，质好味醇，远近闻名。

唐家烧酒坊呈四合院布局，属“前店后作坊”传统格局，又称为“唐家烧房”。烧房占地约 3 亩，约有 300 年的历史，总体呈“日”字形建造格局，故而俗称“骑马庭”。为七柱穿斗木建筑结构，悬山式屋顶，上盖小青瓦，雕花门窗，具有典型的川西民居风格。分前后 2 厅，6 扇半节花窗门，2 口天井。三开门铺面经营自酿烧酒。铺面面阔

唐家烧房送喜帖塑像（2012 年）　　黄龙溪镇　提供

三间 10.18 米，进深一间 4 米，通高 5.65 米；正堂宽 3.45 米，进深 5.7 米，通高 7.4 米；厢房宽 4.5 米，进深 6.5 米，通高 6.7 米；前店与正堂之间为狭长形天井。正堂后偏右为烧酒作坊区，作坊面阔 4 柱 12.18 米，进深 6 柱 10.53 米，通高 5.3 米。唐家大院前店后坊，由多个房间自然合为一体，具有成都地区清代建筑的典型特征，也是川西地区建筑的代表作。2007 年 4 月被公布为成都市第四批市级文物保护单位。

“唐家烧房”分为经营管理、制作流程和水源三个片区。在经营管理区，可以买到该作坊酿制的新酒，还可了解唐氏的渊源和经营历史。在制作流程区，可以观摩老式酿酒作坊的各种设施，了解酿酒的全过程。水源区位于屋后一侧，有一眼深水古井，临大路，系古羌人所掘，造型古雅，做工精致而牢固，俗称“蛮子井”，采用吊杆木桶汲水，为酿酒提供用水。现仅存唐家大院数间瓦屋和一眼水井。

古衙门

三县衙门　历史上，黄龙溪属于华阳县、彭山县和仁寿县的“金三角”地带，清乾隆二十八年（1763），华阳、仁寿、彭山三县共筑古佛堰，引锦江水灌三邑田，并设管理机构——三县衙门，由三县轮流派员值守，主要负责古佛堰堰务管理，兼管“金三角”地带的民事和治安。初为总爷衙门，民间称为“三县衙门”，后沿用下来。双流县文管所于1993年5月—1995年3月对它进行全面的修复。2006年12月，被四川省人民政府公布为第七批省级文物保护单位，是全国唯一保存完好的“三县衙门”，是封建社会县级衙门珍贵的历史活标本。2016年，成都市和双流区纪委挖掘整理“三县衙门”的历史文化精髓，将其打造成为成都市廉政文化教育基地。

建筑风格　三县衙门位于古龙寺右侧，作为管理华阳、仁寿和彭山三地交界区域的派驻机构，不仅需要协调处理三地的人、事、治安等社会问题，还承担着对地方水利工程等的监督维护职责。因此，通过巧妙的空间布局，借助戏台与寺庙，将权力话语蕴入广泛的民间意愿之中。右侧建有一座大殿，下为“观音堂”，上为“弥陀殿”，形态体量、建筑风格与古龙寺中的弥勒殿相仿。古龙寺（弥勒殿）、观音堂分列衙门两侧，并在空间分布上向后收退，使得衙门的地位更加凸显，在皇坟山和牛头山的前后呼应下，营造出肃穆氛围，将自然、宗教与权力元素结合得淋漓尽致。整个建筑全为传统木结构，小青瓦屋面，坐西向东，分为大门、天井、正堂及左右厢房。大门为重檐歇山式屋顶，面阔三间10.85米，进深一间4.1米，通高4.75米；天井为狭窄长方形，长13.95米，宽3.8米；正堂为抬梁式和穿斗式梁架，歇山式屋顶，小青瓦屋面，面阔4柱7.88米，进深3.6米，通高5.75米，是申诉、审案、刑讯，甚至收押的地方。摆放在衙门门口右

三县衙门（2016年）　　黄龙溪镇　提供

边的大鼓是登闻鼓。挝登闻鼓，是中国古代重要的直诉方式之一。通道左边，墙面书有“君子不患位之不尊，而患德之不崇”，代表了传统文化中经典的“政德观”。通道右边是揭事栏，记载了引锦江水灌溉三县万亩良田的事迹，体现了三县衙门共管共治、为民办实事的历史。

古寺庙

40年代初，在新津、彭山、黄龙溪等地的“汉墓群”中，发掘出摇钱树陶座，树身浮雕有一佛二菩萨像。佛像居中跏趺而坐，两侧各有一位菩萨侍立。这就证实东汉末年佛教已经传播到黄龙溪一带。蜀汉时期，为刘备登基而建的黄龙庙，是有关黄龙溪寺庙最早的文字记载，亦印证黄龙溪已有近2000年的寺庙建造历史。60年代以前，黄龙溪原有七座半寺庙，多在“文化大革命”时期遭到破坏。现存较完好的寺庙有古龙寺、镇江寺、潮音寺三座，都坐落于黄龙正街，“一街三寺庙”，街中有庙、庙中有街，全国罕见。另有天后宫、万寿宫、南华宫和禹王宫四座会馆，供奉不同神灵。古镇外有大佛寺、大悲院、金华庵等。

古龙寺 位于黄龙正街南首，鱼鳅巷12号。始建年代不详，是古时衙门和戏台的所在地，是古镇长期的政治以及由此派生的“官方”文化中心。清末复修，后经八九十年代多次维修，基本恢复和保持了原有建筑风貌。现有建筑中弥勒殿、万年台和一通碑为清代修建，大殿供奉黄龙祖师，殿前一侧立千佛铁塔。其他为现代在原有基础上重建。

古龙寺是古镇内空间布局最具独特性与价值性的场域。寺名承接古镇源流，通过历代官府的修缮，成为古镇众多寺庙中体量最大且规格最高的建筑。寺庙坐南向北，由山门、大雄宝殿、弥勒殿、东西厢房组成，二合院布局，总占地面积1225.95平方米。在一片围合的共享空间内，分布着古戏台、弥勒殿、观音堂、弥陀殿和古衙门。山门外部

古龙寺（2017 年）　　李思健　摄

歇山式的屋顶设计，体量宏大，形成外界与寺庙的视线阻隔。山门又名“万年台”，为二层歇山式建筑。一层为寺庙山门，二层为戏台，面阔三间 12.2 米，进深三间 11.9 米，通高 9.1 米。内部为穿斗式梁架，歇山顶重檐，巍峨高耸，房顶上还有各种珍禽瑞兽。万年台是四川省内现存较好的一座全木结构戏台，外观为琉璃筒瓦，脊压宝顶，配二龙戏珠；楼顶饰以“藻井”，后壁绘以“福禄寿”三星，左右二门楣书“出将”“入相”字样；戏台内外随处可见戏曲人物故事木雕，精妙绝伦。戏台两侧存有一副古对联，“戏乃虚万籁由虚得实；台尤古千年借古喻今”。

万年台前是一个宽阔的石板铺成的坝子（当地人称台子坝），坝子中心高耸着千佛塔，两侧是两棵相传为黄龙祖师手植的古榕树，树干要六七个成年人才能合围，盘根错节，枝繁叶茂。两棵古树的树丫间、树根下又各有一座小古庙堂。左侧古榕树两枝粗大的树干中央建的是一座二尺见方的袖珍小庙，墙根处有一块方柱体石碑，碑文已漫漶，依稀可辨“黄葛大仙之灵位”字样。相传，距今 1800 多年，黄龙祖师在此种植数棵黄葛树（榕树）。民间传说只要摸摸树身，即能祛病消灾，平安顺遂。人们感念黄龙祖师的功德，依树建寺以祀，寺即古龙寺。树基四周围着青石板砌成的围墙，围墙上有 30 幅栩栩如生的浮雕，内容是佛祖释迦牟尼的成佛经过。右侧古榕树的树根下建有一座一米见方的土地庙，内供正襟危坐、面带笑容的土地公公、土地婆婆，庙门联语为“庙堂虽小善缘莫大，榕洞天然今古奇观”，俗称“街上庙、树上庙、树中庙”。

古龙寺现有两重大殿，前殿为弥勒殿（原为祖师殿），单檐悬山式屋顶，穿斗式梁架，正脊上有“双龙护塔”装饰，面阔三间16.6米，进深三间5.3米，通高8.5米，供奉着弥勒佛。后殿为大雄宝殿，供奉有佛祖释迦牟尼和88罗汉。位于古龙寺右侧，被毁坏的原天后宫，修复后改为现在的观音堂和弥陀殿，供奉千手千眼观世音菩萨和阿弥陀佛，属古龙寺管辖。2006年12月，随寺内的“三县衙门”被公布为四川省第七批省级文物保护单位后一并纳入保护范围。

镇江寺 位于黄龙正街北首（91号），东距锦江30米，与古龙寺遥遥相对。建于清光绪十年（1884），原为清代初期移民兴建的“镇江王爷庙”，为船帮祭祀集会的场所。每年岁末，船工设有祭祀仪式。凡水运客商、船民皆顶礼膜拜。每逢农历六月六日王爷生日，即为会期。民众纷纷到此朝拜，船帮更是希望一路平安、顺畅，届时必行祭祀大礼，大宴宾客，唱戏酬神，热闹三天方罢。船工在腊月二十一日封船，正月初一祭船，为的是消灾免难。船工每天早晨出航，都要杀鸡祭河提着鸡脚从这旦下河上船。大殿内

镇江寺（2012年） 黄龙溪镇 提供

塑“镇江王爷”神像，头戴金盔，身穿铠甲，背挎风火带，右手执斧，左手捻珠。镇江王爷杨四，亦称杨四将军、杨家四爷，是源于湖南的民间道教水神，“湖广填四川”时期，移民将该信仰带至黄龙溪，后传至四川、云南、广东、甘肃和陕西南部周边地区，因传说其能斩除蛟龙，平定水患，而被广泛尊奉。原镇江寺历经多次维修，损毁年代不详。1988 年，在遗址上重建镇江寺，坐北朝南，总体呈四合院布局，占地面积 960 平方米。入口处是弥勒佛和四大金刚，大殿内供奉“西方三圣”（观世音菩萨、阿弥陀佛、大势至菩萨）。庙门外的大榕树，相传是1800年前黄龙祖师手植，枝繁叶茂，树冠如盖。古榕树上多年来寄生的草本植物辣椒，冬去春来，年年重生，仍开花结果，为古镇奇观之一。2007 年 4 月，镇江寺被公布为成都市第四批文物保护单位。

潮音寺　始建于清光绪十年（1884），古称“乐善堂”，原为古镇船帮救济机构的办公之地，负责济孤寡、散药物、施米饭和收浮尸，后衍化为宗教庙宇。供奉观世音大士，之后改名潮音寺，清建昌兵备道黄云谷题写牌匾。旧时上元会、中元会和下元会在此开设道场。“文化大革命”中，遭到损坏。1986 年寺庙修复，位于黄龙正街 57 号，坐西向东，木结构单檐硬山式古建筑，前殿、中殿、后殿、左右厢房保存完好，建筑面积 1400 平方米，为双流县级文物保护点。寺庙临街五间，大殿正中供奉孔子牌位。大殿对面是三官堂，建筑面积 10 余平方米，供奉有 30 余尊天、地、人三官塑像，塑像高度均约 40 厘米。寺内有 3 块石碑，分别立于光绪十三年、十九年和二十四年，记述了该庙

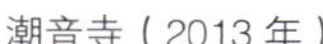
潮音寺（2013 年）　　黄龙溪镇　提供

清光绪二十四年（1898）《三县会街》碑（2018 年）

邬明树　摄

丛林掩映的大佛寺（2007 年） 黄龙溪镇 提供

的创建发展历史。其中，光绪二十四年的石碑为“调署资州直隶州仁寿县事”俞某、“调署成都府华阳县事”缪某、“特授眉州直隶州彭山县正堂”康某 3 人合立，这也是黄龙溪曾经“三县共管”的历史印证。

大佛寺 位于鹿溪河上游北岸的象山山顶。始建于明代，原名高峰寺，清初毁于火灾，重建后改名为大佛寺。大佛寺有前殿、二殿、大佛殿三重庙宇。临河为前殿，殿内供奉布袋罗汉塑像。布袋罗汉坐在莲花座上，高达 3 米。前殿之后是一天井，过天井，沿十八级台阶而上便是二殿，殿中供奉玉皇大帝牌位，两旁是十八罗汉塑像。二殿后为石阶，拾阶而上便是紧靠峭壁的大佛殿。大佛殿两侧各有一洞，深不可测。寺旁峭壁上凿刻有黄龙大佛。大佛脚下是鹿溪河。大佛头顶可置方桌一张，手指粗如人臂，造像端庄，面向大河。旧时大佛寺庙会为农历正月初一至初九，远近香客纷至沓来求福求财，紧邻大佛寺的原回水乡驻地也成为临时的集镇，艺人商贾云集，摩肩接踵，热闹非凡。每年农历四月初八，大佛寺还要举行佛教放生活动。1953 年，大佛寺被毁，后乡民开采建材，将遗迹毁灭殆尽。1976 年，在原大佛寺及庙宇原址上建回水公社办公楼。20 世

大悲院（2017 年）　　　　程杰　摄

纪 80 年代，在大佛寺原址范围内一村民家中发现一通碑和出土一件石狮。碑文内容主要是介绍大佛寺的放生情况。90 年代，在鹿溪河对岸仿原大佛寺布局，重建大佛寺。重建的大佛为坐式佛像，高 60 米，占地面积约 300 平方米。由汉白玉雕成，庄严端坐，面向鹿溪河，双手置于膝盖上，两眼平视前方，形态与乐山大佛相似，故又称小乐山大佛。佛像中空，陈列佛教艺术品。大佛左崖壁上凿阿兰迦叶佛两个弟子像，高 10 米。

大悲院　位于黄龙溪镇大河村 2 组。始建于明代，原名观音寺，背靠观音山，与黄龙溪古镇隔锦江相望。观音山有左、中、右三峰，中峰最高，形似安乐椅，观音寺即坐落椅上。在“文化大革命”中遭到毁坏，1991 年修复后更名为大悲院，建筑面积约 4700 平方米。在原址上建大殿和僧寮，山脚下有山门，中峰近顶峰建有两重大殿，山门与大殿顶皆用古式双滴水黄色琉璃瓦，红墙黄瓦，显出古寺的金碧辉煌。寺庙前殿供有弥勒佛，殿前的对联很有哲理，上联是“大肚能容，容天容地，容世间难容之事”，下联为“笑口常开，笑古笑今，笑天下可笑之人”。天王殿建筑面积为 82.5 平方米，高 6.8 米，单层檐，正殿三间，殿内前面供奉有高 1.6 米的弥勒菩萨坐像 1 尊，殿的后面供奉有高 1.8 米的韦驮菩萨 1 尊。观音殿建筑面积为 643.8 平方米，高 28 米，双层檐，正殿七间，红色琉璃瓦屋面。殿内供奉 3 尊菩萨巨像：居中坐鳌鱼头的观音菩萨像，居左坐 6 牙白象的普贤菩萨像，居右坐雄狮的文殊菩萨像，背景分别是浙江普陀山、四川峨眉山和山西五台山。殿后面供有飘海观音及罗汉无数，塑像生动活泼。观音殿两边同时供奉药师佛、阿弥陀佛。观音殿后面为化身殿，建筑面积为 208 平方米，高 7 米，供奉有观世音菩萨 32 化身，均为泥塑金身，有坐，有卧，有立，有作村姑，有作老妪，有作孩童，衣带飘飘，裙袂飞扬，千姿百态，栩栩如生。大悲院隔锦江与黄龙溪古镇对望，站在殿外平台上临栏远望，远山逶迤，近水似带，因而有“槛外青山映碧波”的佳名。

古码头

水运 古时水运为重要的交通方式，码头渡口是沿江城市接收货物和信息的窗口。锦江之上旧时有 7 个百年以上的渡口，望江楼为第一渡，以下依次有中和五岔子渡口、华阳姐儿捻（堰）、华阳下河坝渡口、正兴镇苏码头渡口、古佛堰渡口、黄龙溪渡口。黄龙溪是进出成都的必经通道，被誉为“路通彭（彭山）仁（仁寿），水连嘉（嘉定）蓉（成都），控省垣之咽喉，达江海之要津”的水运码头。从长江、岷江上行的大船，要在江口镇和黄龙溪镇换装小船，南来北往的商贾、货物，都要在这里停泊、中转、换乘和住宿。

作为重要水运码头的黄龙溪非常繁忙。《四川历史文化名城》中描述："温江、郫县、新都、崇庆、灌县等川西上五县的粮食、油料、烟叶、绸缎、布匹、日用百货、土特产品下运嘉定（今乐山）、叙府（今宜宾）；而上行的，近处有眉山、嘉定、青神、犍为、叙府等府州县经此转运成都的煤炭、食盐、木材、纸张、竹器、酒类，远者则有上海、武汉经叙府、嘉定来的各种轻、重工业产品……府河上往来船只，每日达千艘，日运输货物量在万吨以上，上河下河千帆竞发。"人声鼎沸，十分热闹。随着锦江水运的日益发达，黄龙溪的生意也日渐兴旺。停泊的上水船只常有一两百只，排列1000多米长；下水船也有近百只，排列至500米外的鸡市坝。过去有民谣唱："拉不完的嘉定府，填不满的成都省。"

渡口

中华人民共和国成立后，黄龙溪镇域内渡口主要有黄龙溪渡口、古佛洞渡口、梁码头渡口、跳蹬河渡口、陶家渡渡口。渡口的器械配备、人员安排、资金运作等，均由县航管站统一管理，但行政上属黄龙溪管辖（古佛洞渡口由永安乡管辖）。70年代后，随着陆路交通的发展，码头渡口逐渐消亡。应群众生产、生活需要，在黄龙溪嘉禾庄、野桂坝相继修建人行横渡渡口。野桂坝渡口经营10年左右停运。至2010年，随着新籍黄路、古佛洞大桥等竣工通车，古佛洞人行横渡退出历史舞台。至此，黄龙溪境内只有汽车（公路）渡口。

陶家渡渡口　位于鹿溪河，专门停泊运载当地农副产品的船只，至民国年间废弃。

王爷坎渡口　位于锦江与鹿溪河的交汇口，因河面宽阔，水势平稳，停泊的船只常

千年水码头　古镇黄龙溪（2013年）

有百余只，排列1000余米长，一直排到皇坟山（现属黄龙社区），下水船也常有近百只，排列500余米长，一直到鸡市坝。

古佛洞渡口 为解决航灌矛盾，民国年间在此修船闸，在关堰期间，每日定时启闭，放行航船。

梁码头渡口 位于黄龙溪东约2000米处鹿溪河东岸，是一个货物中转码头。60年代前，运往借田铺（今籍田镇）、土楚庙（今永兴镇）、视高铺（今仁寿县视高镇）、清水铺（今仁寿县清水镇）等地的货物，均在梁码头卸下，再由旱路转运；当地货物则由旱路运到此处，再转水路销往成都或乐山等。1978年，梁码头渡口停航。

黄龙溪渡口 1985年前，黄龙溪渡口为人行横渡。由当时黄佛乡、回水乡共同管理经营。同年，黄龙溪开始在黄龙溪渡口（东寨门）筹建汽车渡，1986年完工并交付使用。1988年，黄龙溪渡口全部实行承包制。承包者向乡政府缴纳一定承包金，自负盈亏，但经营、安全、收费等仍受乡政府管理监督。2000年1月，因陆路交通的发展和桥梁建设等原因，渡口被撤销。

船只

解放前，锦江上船只主要有官舱大木船、中型木船、爬湾船、竹筏木排、渔船，以及少量帆船。解放后，随着陆路交通迅猛发展，锦江水运快速萧条，至1960年前后，黄龙溪水运几乎消失，除农用木船、渔船、渡船外，仅有小型短途客货船往来于锦江、鹿溪河。70年代，河道淤塞，采石船和采砂船出现，黄龙溪仅有少量农用木船、渔船、

黄龙溪镇 提供

采砂石船只等。80 年代，随着黄龙溪旅游业的逐渐兴起，1988 年在古镇景区开始出现小型游船。1990 年黄龙溪景区出现快艇。1993 年黄龙溪景区出现大型游船。2002 年 6 月 26 日 11 时，由成都自主设计建造的第一艘轮船“交大号”驶出成都港（位于华阳），驶向黄龙溪镇，游客从水路游览黄龙溪古镇的愿望成为现实，中断近 30 年的黄龙溪航运正式复航。

官舱大木船　一般为长途客货两运。载容量 30 ～ 40 吨，高桅高舵，6 篙，12 ～ 16 支桡，前有招，后有鼓，行船以舵手击鼓快慢为节奏，靠岸时，前后有纤索。

中型木船　中短途客货两用船，载容量 10 ～ 30 吨，4 篙，6 ～ 8 支桡，无招，其余和官舱大木船相同。

渡船　来往于锦江、鹿溪河两岸的小型客船，一般载 50 人左右。主要为方便两岸人民走亲访友、赶集种田等而设置。

帆船　较少。主要用于客运。一般是木质结构，前翘后平，有篷。篷上设置 1 ～ 3 张帆，扇形或长方形，无风时以篙、桨为动力，顺风时张帆而行。

渔船　多为临河渔民捕鱼而用，长 5 米，宽约 1 米，可供两三人撒网捕鱼，或载鸬鹚（鱼老鸹）捕鱼。也有长期泊河边，以船为家者，靠搬罾捕鱼度日。

游船　1988 年在古镇景区出现小型游船。游船均为人工木船，长约 8 米，宽约 1.6 米；载客 3 ～ 7 人；农家自行经营，经营范围从黄龙溪古镇至大佛寺。镇政府无具体管理措施，主要由当时黄佛乡黄龙溪居民委员会处理经营纠纷，当时黄佛乡下属的黄龙溪办事处协助管理。1993 年景区出现大型游船，机动与人工相结合。船长约 12 米，宽约 3 米；载客 12 ～ 25 人；户主自行经营，自负盈亏。黄龙溪镇专事旅游经营的船只约 20 只，镇政府成立相应的管理机构，出台详细的管理办法，从船工技术、经营路线以及安全、旅游纠纷等方面实行较为规范化、制度化的管理。2005 年对游船进行仿古改造，统一为古朴典雅的风格，提高了古镇游船抗风险能力，并提升了黄龙溪旅游设施硬件水平。

桡业公会　船运业行会组织。兴起于清代，包括远航重庆、泸州、宜宾的长航帮，运行成都、乐山的短航帮，苏码头、江口、鹿溪河的舢板帮。以“统一航运管理，维护船民权益，协调内外关系，指导航运业务”为宗旨，管理 300 多只船只，有会员近千人。设会首，配师爷，查河差，还有收票员和勤杂人员。会址设在王爷庙。

力行　码头搬运工人的行会组织。下分五帮。力行设帮头，统一承揽和分配运货，互不侵越。帮头向工人按比例“抽头”。码头设七道卡子，分别由七个叫“司爷”的向船主征收养河费。

义渡 黄龙溪、王家沱和彭山的江口，设三处义渡。义渡管理、船工工资等费用均由渡船会支付。会首叫应儒南，喜欢在地方上做慈善，黄龙溪渡口据说就是他捐资修建的。他为义渡的设立和日常管理还专门设立了一个“渡船会”，有一套专门的办事人员和制度规定。比如，会内设有会首、理事、财务会计等管理人员，还要聘请摆渡的船工。那时这里的义渡一般有三四只船，对行船摆渡也制定有相应的规矩。官府和袍哥对渡船会一般不干预，反而会给予支持。过去黄龙溪码头一带的河上没有桥，因此，渡船给附近的乡民往来于码头场镇带来了很大的便利。

古堤

王爷坎 在镇江寺旁，锦江右岸有一道古堤，因纪念镇江王爷杨四而命名为王爷坎。古堤位于锦江与鹿溪河交汇要冲处，由条石砌成，年代久远。古堤长 20 余米，高约 4 米，堤顶宽 1.7 米。1947 年和 1981 年黄龙溪两次发特大洪水而古堤不毁，是古镇

王爷坎（2017 年） 张凌娟 摄

得以保存下来的防洪屏障。王爷坎身上刻满无数水痕印记，记录着历年水位的涨落。最高水位发生在1981年7月13日。

镇江王爷 传说已久的镇江王爷杨四，专镇河中九妖十八怪，保两岸民生不遭洪水侵犯，保行船一帆风顺。相传唐宋年间，江中恶龙作孽为害一方。某皇帝乘船过江，恶龙兴风作浪，掀翻了皇帝的“龙船”，年方16岁的杨四跃入江中与龙恶战，皇帝得救，杨四遇难。后来，皇帝追封杨四为平浪王，并立庙祭祀。明清时期。乌江盐运经济的繁荣，使得大量湖广人氏进入乌江流域，将其原居住地的水神信仰也一并带入西南。

王爷坎记录最高水位线碑（2016年）
黄龙溪镇 提供

古佛堰

古佛堰碑记（2017年） 李思健 摄

修建始末 清乾隆二十五年（1760），彭山县令张凤翥，会同华阳县令姚仁寿、仁寿县令陈奉兹，同勘锦江水势，商讨修筑古佛堰，引水分灌三县农田。经过详细勘查，古佛洞水势稍高，可以筑堰引水。遂于乾隆二十八年十月开工。因古佛洞堰口土松容易毁坏，改至古佛洞上游约500米鸡公坝开凿，因岩石绵延1300余米，难以开凿，又改至野桂坝开凿。翌年二月竣工。然而，野桂坝堰口存在“堰高水低”，用水旺季或锦江水位降低时，出现无法引水或引水不足的问题，再改至古佛洞上游约1000米罗家林筑堰引水，至乾隆三十二年完工。堤堰横跨锦江，长约500米，呈“S”形。所形成的白雪般飞瀑，映衬于青山绿水之间，成为古镇一景。

此外，1929年编修的《应氏族谱》记载，清乾隆年间（1736—1795），有乡民应隆见古佛洞至王家沱之间万余亩农田，因灌溉困难，阻碍农业生产。乾隆二十五年，应隆约汪清、周文良进行详细实地勘查和周密磋商，建议“创开古佛堰取府江（河）水以灌溉之（农田）”。

流程与灌面 古佛堰自罗家林堰口起，经罗家中坝1000余米，至冬瓜湃濠沟出口，复南流20余米，绵延巉岩上人工开凿的石渠1200余米，其中约600米加盖后建成街坊，俗称骑街沟，即今古佛洞场。又南流数百米后折向西，流过400余米石渠和一段隧洞，绕鸡翅拐山嘴向南经嘉禾庄开阔地带达皇坟山，然后穿隧洞300米和石渠700余米，平均深7米，直达黄龙溪平坝，后沿牧马山脚蜿蜒至彭山县江口汇入岷江。干渠长22.5千米，年引锦江水3880万立方米，灌溉华阳县（今属成都市双流区）、仁寿县、彭山县（今眉山市彭山区）农田1万余亩，其中灌溉华阳县农田1956亩。1939年，因工程失修，灌溉面积缩小到4186亩。1954年灌溉面积恢复到11972亩，1960年扩大到13115亩。至今，仍然灌溉农田万余亩。

堰务管理 古佛堰自罗家林堰首至彭山江口堰尾，凿石筒33处。每1000亩农田给筒口约11.67厘米，不及千亩者递而减之，分上中下3等。按等收取经费，每亩上等农田岁派银1分5厘，中等农田派银1分，下等农田派银5厘。古佛堰自罗家林堰口引锦江水西流，自扎水筒引水灌溉华阳县属上等田196亩，在金华筒（上距堰口约7.5千米）引水灌溉华阳县属中等田420亩，在清良筒（下距堰尾约2.5千米）引水灌溉华阳县属下等田1220亩，另有斗灌田120亩，计灌溉华阳县农田1956亩。三筒每年轮流推选堰长1人，与仁寿、彭山推选堰长专驻堰头，共同管理古佛堰。

中华人民共和国成立后，都江堰管委会在彭山界上专门设立了古佛堰水利管理处。为加强对古佛堰的建设和管理，在锦江航道古佛堰处修建一处小型船闸，投资数百万元，避免横断河中的古佛堰对锦江全线通航构成障碍。古佛堰设计科学，建筑坚固，古佛堰、官堰、陈家水碾三大工程与锦江、鹿溪河，构成黄龙溪科学用水体系，民间有小型“都江堰”之称。

古佛堰船闸（2013 年）　　黄龙溪镇　提供

古树

镇内现有树龄 300 年以上的古榕树 9 株，盘根错节的树根和浓荫蔽日的树冠，给古镇平添了几分灵气，更增添了古镇浓郁的古貌古趣。

一树分两江　在古镇对面锦江和鹿溪河交汇处有一株古榕树，树龄 700 余年，枝繁叶茂。古榕树的左侧为鹿溪河，右侧为锦江。两江发源地不同而导致一条呈青色，一条呈黄色；又恰巧划分了华阳、仁寿、彭山三县的地理区划，形成“一树分两江，二水分三县”的黄龙溪古镇标志性景观之一。

许愿树下（2017 年）　　黄龙溪镇　提供

庙骑树树裹庙　古树位于镇江寺右侧房顶，树高约 15 米，树龄 928 年。树曾经断过数次，现存古树一个旁枝，覆盖 80 多平方米。苍劲的躯干雄浑斑驳，尽显历史的沧桑。

千年古榕寄生辣椒　位于镇江寺前，树龄在 700 年以上，枝叶繁茂，覆盖面积达 300 平方米以上，为古镇的标志性景观之一。树上寄生辣椒成为奇观，也给古镇增添了许多灵气。

龙凤树　距大佛寺数十步有一株雌雄相倚的“龙凤树”。相传此树原是一对夫妻树，大者为雌树，小者为雄树，两树相距咫尺，均枝繁叶茂，堰塘三分之二被其遮蔽。该树树形奇特，树枝呈龙形，树干呈螺旋形，横卧于堰塘上，树身长满凤尾蕨，层层叠叠，有如龙鳞，加上老树枝干盘根错节、枯老古崛，形成“飞龙在天”之状，又有“凤凰翱翔”之形，被当地人称之为“龙凤树”。1975 年，雌树被飓风连根拔起。2002 年，雄树被雷电击坏。

诸葛树　位于王爷坎上，树龄近千年。古镇河岸被洪水猛烈冲刷容易垮塌，王爷坎正当水津要冲，土质疏松，没有树木来固定，致使堵水分流的王爷坎下部垮成一个巨大的窟窿。据说是诸葛亮亲手栽植的一株古榕树，使王爷坎一带的堤岸不再坍塌。远近百姓到神树下焚香燃烛，顶礼膜拜，披红挂彩，常年祭祀。为纪念诸葛亮，便称此树为“诸葛树”。后因这棵树的树叶呈淡黄色又叫“黄葛树”。

锦江与鹿溪河交汇处的古榕树（2017 年）

伍强　摄

古战场

古蜀国军事据点 自西周到春秋时代，川西平原的古蜀王国，与长江中游的楚国互有攻伐，经常处于战争状态。至春秋末期，素与蜀国“世仇”的巴国崛起于川东，蜀、巴两国互争雄长，连年用兵不断。蜀与楚、巴大多通过水道攻伐争夺，为了防御来自楚、巴的攻击，古蜀王国在沿江一带筑有很多“兵栏”，构建了不少军事防御工事和驻兵据点。周慎王五年（前 316）秋，秦伐蜀。蜀王开明十二世率军于葭萌关（今广元）抵抗秦军，蜀王战败，逃至武阳（黄龙溪），并被秦军杀害。《华阳国志・蜀志》载：“周慎王五年秋，秦大夫张仪，司马错、都尉墨等从石牛道伐蜀。蜀王自于葭萌拒之，败绩。王遁走至武阳，为秦军所害。其傅相及太子退至逄乡，死于白鹿山。开明氏遂亡。凡王蜀十二世。冬十月，蜀平。司马错等因取苴与巴焉。”

古蜀王与秦军决战，兵败黄龙溪的故事，仍在黄龙溪人中流传。相传开明王在葭萌关抵抗秦军，战败后逃至黄龙溪，被秦国大军包围，蜀王为掩护太子逃生，亲率蜀军与秦军激战，在最后厮杀中，被秦军射杀。黄龙溪也由此成为古蜀国最后的军事据点。

蜀汉南征大本营 黄龙溪背靠绵延的牧马山，物产丰富，粮草充足。锦江与鹿溪河在此交汇，河面开阔，既是操练兵马的理想之地，又是扼守成都的水陆要冲。由水路从成都到黄龙溪只需半天路程，便于运送作战物资。相传，蜀汉时期，诸葛亮将黄龙溪作为蜀汉南征的大本营，利用牧马山一带的青冈树制造木牛流马运送军粮，在黄龙溪推演八卦阵、操练军队。80 年代中期，在黄龙溪曾出土过极可能为诸葛亮发明的新式连弩和铁箭镞。弩机多为铜制，箭镞铁制，长 8 寸（约 26.67 厘米），一次能发射 10 支。

张献忠与杨展大战黄龙溪 明崇祯十七年（1644），张献忠攻陷成都，建国号“大西”，改元“大顺”，以成都为西京。清顺治三年（1646）年初，清军入川，张献忠决定携历年所抢的金银财宝1000船（一说200余船）率部10万众向川西突围，转移途中，至彭山江口猝遇明将杨展反击，张献忠的运宝船队大败，运宝船队被纵火焚烧，金银财宝尽数沉入江底，张献忠的弟弟也被斩杀，张献忠只带少量亲军向北突围。后张献忠集结残部，利用黄龙溪码头和狭窄街道组织镇守。杨展调兵将黄龙溪团团围住，在白天几次进攻都被打退后，决定趁夜火攻黄龙溪。杨展利用全面控制水上的优势，令弓箭手向黄龙溪古街发射火箭（球），古街木结构建筑极多，顿时浓烟四起，成为一片火海，死伤逃离者不计其数，黄龙溪被焚毁一空，成为一片废墟。张献忠一面佯装迎战，一面使用金蝉脱壳之计，仓皇逃回成都。九月，张献忠率部离开成都，率军扎营西充凤凰山。十一月二十七日，在与清军战斗中中箭身亡。

古崖墓

古蜀崖墓的选址，多在依山傍水的江边山崖，牧马山九倒拐符合这一条件，并顺山顺水漫延至黄龙溪、彭山江口，直至乐山。在牧马山九倒拐一带，有着众多崖墓，俗称“蛮子洞”，远远看去如蜂房一般，据有关部门鉴定为东汉、南北朝、隋代崖墓。民国时期，英国人、法国人、美国人以及梁思成等先后到彭山江口一带和黄龙溪调查崖墓。1941—1942年，“川康古迹考察团”先后对华阳境内及九倒拐崖墓进行了发掘，共发掘大墓7座，其中砖石墓2座，土坑墓5座。黄龙溪出土的鸡翅拐崖墓群、小河村崖墓群、金华庵崖墓、皇坟村崖墓，经有关部门、专家鉴定，与牧马山九倒拐，乃至岷江流域分布的汉代古崖墓同属一个文明带。50年代以来，黄龙溪镇域汉代崖墓群陆续出土俑、灯、甑、钵、陶鸡、陶狗、陶仓、陶灶等陶器，铁器，铜器，漆器，石羊、石龙、石马、石侍俑、石圉人等石器和金属钱币。镇域古墓还有五代后蜀广政二年（939）后蜀墓、南宋淳熙年间（1174—1189）大墓、明蜀定王朱有垓墓葬3处。出土文物30件，其中国家一级文物3件。

黄龙溪镇出土的东汉时期石马（2013 年）
黄龙溪镇　提供

2015 年 12 月，双流区文物保护管理所联合成都市考古队、四川大学、西南民族大学等有关单位对黄龙溪古镇进行了再次调研，专家组一致认为应该从了解历史、文物保护与文物旅游结合的多种思维，有必要对黄龙溪川江村明代墓葬进行调查与试掘。2016 年 1 月，召开牧马山“瞿上城”文化遗存与黄龙溪川江村明代墓葬调查一阶段成果汇报会。通过试掘并依据成都地区其他区县已发掘的资料，经专家论证，该墓葬的规模与级别与国家重点文物保护单位明蜀藩王墓陵为同一序列，初步可以判断此墓为明代蜀王家族成员墓。同时为研究明代藩王陵寝制度提供了详细的资料。2016 年 12 月 12 日，双流区文管所委托西安博古文物勘探服务有限公司对该处墓葬正式启动了文物勘探工作。

明代蜀定王墓　位于黄龙溪镇东北 600 米处，有一土冢，直径 30 米，高 4 米，墓表无存，仅存享堂祀殿残余，地下有大量残存琉璃砖瓦。据考为明代蜀定王墓。

鸡翅拐崖墓群　为东汉墓和三国墓，共 7 座，分墓室、侧室，呈方形、长形，尚存棺台。均有通道、甬道、墓室及排水道。

金华庵崖墓　在锦江右岸 100 米处。1972 年开采石料时发现。墓 2 座，形制基本相同。墓内有陶棺、陶俑、陶鸡和其他随葬品。

皇坟村崖墓　位于黄龙溪场口北，傍锦江右岸。1966 年开采石料时发现。墓室分左、中、右三间，中间有石柱，粗约两人合围。柱下有础。墓内置石棺一具，长 2.3 米，高 1 米，有盖。洞凿有通气孔。随葬品有陶器、铁器及货币。

古镇保护

黄龙溪镇文化底蕴深厚，50.4 平方千米范围内有多达 71 处文物保护单位（点），其中省级文物保护单位 2 处，市级文物保护单位 5 处，一般性文物保护点 64 处。黄龙溪古镇核心保护区面积 3.93 公顷，尚保存有传统建筑面积共 3.12 万平方米，其中极具保护价值、特征鲜明、结构良好的清代穿斗式木结构传统建筑 1.37 万平方米。此外，尚有陈家大院、杨家大院、唐家大院等 4 座传统民居大院，建筑面积 2000 余平方米。1993 年，黄龙溪启动编制《黄龙溪古镇保护规划》，先后邀请同济大学、北京大学、成都市规划院等单位和专家做了《黄龙溪景区总体规制》《黄龙溪控制性详细规划》《黄龙溪发展策划方案》等，将黄龙溪定位为“千年水码头，古镇黄龙溪”。2006 年，双流县规划局

黄龙溪镇卧龙湖一隅（2013 年） 黄龙溪镇 提供

委托西南交通大学建筑勘察设计研究院编制了《双流县黄龙溪历史文化名镇保护规划》，2008 年 9 月获四川省人民政府批复同意。黄龙溪镇历史文化保护范围分核心保护区、建设控制区、协调发展区。古镇区的保护区面积为 14.75 公顷，其中古镇核心区为 3.93 公顷，建设控制区为 10.82 公顷。核心保护区以黄龙正街、横街、新街、复兴街、鱼鳅巷、上河街、下河街为主要历史文化街区。

古建保护 黄龙溪镇拥有清代保存下来的前店后居的联排式 1 ～ 2 层民居店铺 100 余间共 76 户。自 2006 年申报中国历史文化名镇以来，黄龙溪镇人民政府对黄龙溪古镇范围内的历史建筑进行了长久有效的保护，对 6 个寺庙、76 座历史建筑民居设立了保护标识并建立档案。6 寺建于清中期（镇江寺、潮音寺、古龙寺、大佛寺、大悲院、金华庵），6 街建于清初（复兴街、新街、黄龙正街、横街、上河街、下河街），9 巷建于清

黄龙溪二期美景“三潭印月”（2011 年）

初（烟市巷、担水巷、扁担巷、鱼鳅巷、艄公巷、蓑衣巷、鸡脚巷、篙竿巷、龙爪巷），古衙门建于清中期，唐家大院、杨家大院、76 座民居建于清中期。经过对文物保护单位合理的修缮与有效保护，对游客开放展示其文化价值，达到传承历史文化的作用。历史文化街区的保护范围、核心保护范围未发生变化。1996 年，对古龙寺大殿进行恢复修建。按照“修旧如旧”的原则，先后投入资金 1.6 亿元，完成了对古街、古桥、古碑、古码头、古寨门、古院落等古迹的维护，重现水码头的繁盛景象。聘请专业古建筑维护公司，对古镇川西民居群进行整体维护、加固，使之具有较强的灾害抵抗能力。每年约投入 240 万元对古街、古建筑、古民居进行维修维护。黄龙溪古镇景区管理局派专人看护景区内景点，除负责日常看管外，一旦发现漏雨、虫害、石板和房屋结构出现风化和损坏时，即刻向古镇景区管理局汇报。管理局每年进行 3 ～ 4 次定期和不定期维修维护，

黄龙溪镇 提供

主要包括白蚁防治、捡瓦、更换木椽子，每年费用约为 45 万元。

杨家大院林盘保护 川西林盘是指成都平原及丘陵地区农家院落和周边高大乔木、竹林、河流及外围耕地等自然环境有机融合，形成的农村居住环境形态。通常是以姓氏（宗族）为聚居单位，呈一种分散的分布方式，形式上属于典型的自然村落。2011 年 1 月，成都市建委对第一批成都市川西林盘 49 个保护利用示范点进行了命名，按统一内容，各个林盘制作标牌标识，黄龙溪景区的杨家大院为其中之一。2014 年 10 月，启动杨家大院林盘第一期保护工程，至 2015 年年底，在原有的木头门两边砌上了泥砖墙，在古井外装上了木栅栏，部分泥泞的土地上铺上了青砖路。

路桥建设 1996 年，完成景区仿清街、复兴街仿石板路面改造，形成"府河两岸行行垂柳依依在，细柳融融迎嘉宾"的格局。1997 年，完成通往景区的正回路扩建工程，修建了索桥捐款功德亭。1999 年，完成双黄路 9.1 千米道路工程拆迁、路基及附属工程，成为一条直达景区的快速通道；投资 40 万元，完成了镇龙街道路改造工程；投资 80 万元，完成了川龙街道路工程建设任务。2003 年，以国家 AAAAA 级旅游景区建设为标准，发展黄龙溪旅游区水陆交通，在开通"两河（锦江、鹿溪河）三路（双黄路、籍黄路、彭黄路）、村村通水泥路"的基础上，先后启动和完成了双黄路至古佛洞快速通道、大黄路和锦江大桥的拆迁工程，使黄龙溪至成都市周边景点、景区及四川省内的眉山、乐山、峨眉山等景点可半日直达，形成了以黄龙溪为中心的彭山仙女山、仁寿黑龙滩旅游的"金三角"。2005 年，进行 6 条古街及临街吊脚楼的风貌整治、上河街及下河街绿化、大佛寺进出港码头、绕场路建设、风雨廊桥改造等工程。2008 年，完成了上河街、下河街临江立面风貌改造工程；完成了仿清街天府美食街区和 3 家特色客栈的打造；完成了剪刀堰 1700 米的环境综合整治工作。2009 年，投入 610 万元，完成 9.5 千米镇村道路建设；投入 980 万元，完成 1300 米绕场路、学府路改道工程；投入 2400 万元，完成锦江大桥建设。2011 年，投入 500 万元完成双黄路沿线、景观大道、景区及主要节点 4 万平方米绿化；投入 2000 万元启动仿清街工程。2013 年，对锦江大桥节点进行了亮化改造，提高景区街面破损石板和其他市政设施修复的时效，路面平整率达 95%。

公用事业改造 2000 年，完成古镇保护区"煤改气"工程，实现了古镇保护区"无煤化"。2006 年，完成黄龙溪场镇电力、通信线路"下地"工程。2006 年，完成"三线下地"和古镇光彩工程。2009 年，投入 120 万元，实施自来水村村通工程，铺设管道 9200 米；投入 352 万元，完成双黄路沿线风貌改造工程；投入 300 万元，完善农业园区内道路等基础设施；投入1180万元，完成城镇生活污水管网建设；投入245万元，实施城乡垃圾集中清运处置，有效解决了垃圾乱堆乱放现象；投入3300万元，完成了城市污水处理厂及配套污水收集管网建设，实现了覆盖范围内污水100%处理排放。

拆迁安置 2009年，投入1200万元，完成“5·12”地震灾后重建统规统建安置小区建设。投入10036万元，完成古佛村拆院并院农村拆迁和安置小区建设；投入750万元，完成嘉禾苑小区建设；投入2790万元，完成华严村土地整理项目。

水利建设 2009年，投入490万元，完善农业水利基础设施，整治沟渠70千米，新建“U”形渠6000米，整治塘堰32口，新建塘堰4口，改造提灌站4座，新建提灌站1座。

配套建设 2009年，投入5500万元，完成“黄龙见水、溪通古蜀”名镇打造一期工程；投入190万元，完成农业综合服务中心建设；投入7000万元，启动特色旅游产品市场建设；投入2300万元，完成民俗文化演艺中心和古镇博物馆建设；投入7200万元，完成三零所绿色研发基地一期工程。2010年，为落实将黄龙溪打造成为“国家级民俗风情小镇和以旅游业为支撑，统筹城乡发展的田园城镇样板”的发展定位，黄龙溪镇启动二期工程——“上河衢”田园水村的打造。2011年，完成双流县自行车绿廊标识系统黄龙溪段60千米建设，在古佛村采用BOT模式启动自行车绿廊营地建设，投入500万元完成黄龙溪新游客服务中心改造，投入5000万元完成特色旅游产品市场一期建设，投入4.8亿元启动上河衢龙潭湖工程，投入1.2亿元启动黄龙大酒店工程，投入5000万元启动三零所绿色研发基地二期工程。2014年，推进“上河衢”二期非临水“H”形建筑工程、景区核心区、控制区立面风貌改造工作，启动景区公共基础设施建设工作，提升景区整体形象；吸引15家高端业态入驻“上河衢”二期商铺；率先运用市场资金开展智慧化古镇景区建设，提升景区服务信息化水平。

古树名木保护 采取日常巡查与定期维护相结合的方式对景区古树名木进行保护，进行施肥、浇水、病虫害防治等，保证其生长良好，每年维护费用约为15万元。

街头一景（2017年） 周明亮 摄

旅游开发

黄龙溪的古镇风貌保存完好，为旅游业的开发奠定良好的基础。1982—2016年，黄龙溪成为成都市郊区旅游热点，被誉为“中国民间艺术之乡（火龙艺术）”“国家级小城镇建设试点镇”“国家级小城镇经济综合开发示范镇”“四川省首批历史文化名镇”“四川省省级风景名胜区”“成都市旅游重点镇”“全国环境优美镇”，并成为成都市14个优先发展重点镇之一，有着丰富的自然景观资源和人文旅游资源。

HUANGLONGXI TOWN
黄龍溪

上河衢（2017 年） 李思健 摄

上河衢田园水村

2010 年 3 月，上河衢田园水村启动建设，是黄龙溪二期项目中浓墨重彩的部分，是“夜黄龙”晚间娱乐业态的核心区域。位于真龙街下段三孔桥由西向东至锦江西岸，紧靠古镇核心区。上河衢田园水村取《清明上河图》中的“上河”两字，立意是展现商贾繁荣的景象。“衢”则取自“锦江通衢”，泛指通途顺水的交通枢纽和核心区域。两者合而为一，便有了上河衢。氛围以水景布局，构建伴水而栖的水村风情。2012 年 2 月，景区正式开放。总投资 6.75 亿元，总占地面积约 15 万平方米，其河域面积约 3 万平方米。田园水村主要包括上河衢湿地田园音乐村、“七星伴月”古院落群、滨河街“酌水茶廊”景观带、“府河夜宴”啤酒村、黄龙新街“民居客栈群”等景观。在上河衢，游客可以观赏到“江楼钟鼓”“月上东山”“风回水转”“花影层台”等独具魅力的“上河十景”。水景设计运用湿地理念造作水景、分布水域，以大小不等的湖泊、水岛形成湖岛叠映、芦苇环绕、亭台廊阁与院落楼榭相间的原生态田园古村落、田园古集镇格局，为黄龙溪古镇更添雅致。在田园水景与陆地院落建筑设计中按照《清明上河

成都国际友城青年音乐周双流分会场首场交流演出在上河衢·水上舞台上演（2018 年）

图》的环境和建筑格局，再现昔日黄龙溪作为水陆交通枢纽、锦江通衢、商业重镇的繁华胜景。

湿地田园音乐村 上河衢湿地田园音乐村为黄龙溪打造的二期工程，占地面积约10.6万平方米，规划田园水景面积3万平方米（含大小岛屿），临水商业建筑面积约2.6万平方米，陆地院落民居建筑面积约4万平方米，公共区域面积约4.5万平方米（含水域面积）。

黄龙溪镇 提供

大小不等的湖泊、水岛是其一大特色。湖、潭、泊、溪和楼、台、阁、榭，构成了二期“上河十景”的迷人景色。在音乐村湖心小岛——凤岛之上是传统的川西院落式民居，二进制的四合院、牌坊、照壁、露台构成错落有致的街坊里巷，再现“百年老成都”的风情，感受旧时大家族的兴盛与繁华。游客乘乌篷船从凤岛出发到龙岛，一圈下来上河衢风光尽收眼底。

古院群落

黄龙溪镇拥有保存完好的民居院落76座，散布于街巷寻常建筑之中，其中有享有盛誉的唐家大院、杨家大院等大户宅邸。四合院是古建筑的又一景观，四合院是由东、西、南、北四面房子围合起来形成的内院式住宅。院落宽绰疏朗，四面房屋各自独立，又有游廊连接彼此，起居十分方便。封闭式的住宅使四合院具有很强的私密性，关起门来自成天地，院内四面房门都开向院落，院落中还可植树栽花、饲鸟养鱼、叠石造景，居住者尽享大自然的美好。四合院虽为居住建筑，却蕴含着深刻的文化内涵，是中华传统文化的载体。四合院的营建极讲究风水学说，实际是中国古代的建筑环境学，是中国传统建筑理论的重要组成部分。四合院的装修、雕饰、彩绘也处处体现着民俗民风和传统文化，表现出人们对幸福、美好、富裕、吉祥的追求。如以蝙蝠、寿字组成的图案，寓意“福

“七星伴月”古院落（2007 年）　　黄龙溪镇　提供

寿双全”；以花瓶内安插月季花的图案寓意“四季平安”；而嵌于门簪、门头上的吉辞祥语，附在抱柱上的楹联，以及悬挂在室内的书画佳作，更是集贤哲之古训，采古今之名句，或颂山川之美，或铭处世之学，或咏鸿鹄之志，风雅备至，充满浓郁的文化气息。

唐家大院　位于黄龙社区鱼鳅巷 1 号，是黄龙溪的老字号烧酒坊。大院为四合院布局，前店后坊，2007 年 4 月被公布为成都市第四批市级文物保护单位。

杨家大院　位于黄龙社区 5 组，为区级文物保护单位，是第一批成都市川西林盘 49 个保护利用示范点之一。大院为四合院古民居，占地约 7 亩，保存较为完整，掩映于修竹翠木之中。杨家大院龙门左侧置一口水井，井旁不远处有一株楠木古树。主人将树枝作支点，吊绳拴石，另一端拴桶，打水、提水，演绎出一道美丽的民俗风景。

杨家大院（2018 年） 李思健 摄

陈家大院 位于嘉禾村，占地约 8 亩，黄龙溪规模最大的民居建筑，是由 5 个天井组合而成的封闭式庭院，进出 4 个龙门，其高大的封火墙，特别以糯米汁调和灰浆、桐油黏结砌筑，坚固无比。陈家先祖中出过两位武举人，故大院门前左右置双斗桅杆，以彰显其富贵门庭。

大院坐东朝西，由 4 座相互独立的院落组成，呈“一”字形排列。4 个院落均是由厅堂、厢房、耳房、廊房组成的封闭式庭院。厅堂面宽 10.8 米，进深 7.2 米；左右两侧各有厢房 2 间，面宽 3.6 米，进深 7.2 米；南北两侧各有耳房 5 间，面宽 3.6 米，进深 3.6 米。院落中央为天井，其间草木葱茏。大院前为竹木园林，背后有一口约 3 亩的水塘。左边约 5 米处，是一座高约 25 米的哨楼。民国时期，陈家大院曾开办过天齐公学；1952 年开办嘉禾小学；1985—1992 年开办黄佛中学。2016 年因土地整合被拆除。

滨河街“酌水茶廊” 茶廊位于滨河街，长约 300 米，由龙尾沿锦江右岸往上游堤岸改造为内置式水埠，滨河街内侧民居实施保护性修复改造，同时对滨河水岸约 3000 平方米公共区域实施景观改造，形成“凭栏遥想，把盏怀古”的悠然情趣，成为游客休闲品茗的好地方。

“府河夜宴”啤酒村 位于东寨门至新兴农家滨河水岸约 9000 平方米的开阔地域，是依托锦江水岸打造的满足大众游客需求的啤酒大排档。啤酒村以木质栅栏划

凤岛上的凤仪桥（左）和丹凤桥（右）（2015 年） 黄龙溪镇 提供

分为 7 个约 900 平方米相对独立的“夜啤区”，同样采取滨河街“酌水茶廊”堤岸改造方法，破堤设埠，建造 5 个功能各异的内置式亲水码头，以“五帮码头”的公共通道间隔各“夜啤区”，既可满足游客自由前往码头亲水近水的需求，又避免了游客与“夜啤区”混杂。啤酒村有一条宽 1 ～ 2 米的溪流渠，与仿清水街、黄龙新街汇聚而来的流水清波连接后流入锦江，形成“共长天一色”的阔水与“涓涓细流”的细水相映成趣的“水中溪”。

古镇上河艳锦牌坊（2017 年） 李思健 摄

黄龙溪人从茶铺喝到酒吧，沿着水黄龙溪人将古老的生活和现实的情怀相连。在石板路间，在小溪水旁，听着古镇夜晚的打更声，品一杯美酒，唱一首情歌，光影流年，恍若隔世。为游客营造灯火阑珊处，歌舞几时休的氛围，在水两边山楂树酒吧、鹦鹉咖啡已经慢慢开始营业，泡吧、逛坝子，让游客“醉”在黄龙溪，感受“夜黄龙”的氛围。

景观景点

古佛洞 古佛洞即金华庵，位于古佛村古佛洞街63号，西靠岩头山，东距锦江50米。始建于明代，清乾隆五十二年至五十八年（1787—1793）重建，部分建筑1929—1932年重建，1951年改为仓库堆放粮食，1984年退还给宗教人士并进行维修，后又经过多次维修，保持原有建筑风貌。2006年12月被公布为四川省第七批省级文物保护单位。

清光绪七年（1881）《仁寿县志》载：“古佛洞在锦江之旁，距城一百二十里。洞在半岩，深三丈许。中供古佛一尊。旁有小洞，深丈许。旧庙久颓，像在荆榛间。五重檐硬山式建筑，有大佛殿、观音殿、老君殿、前殿、古佛洞、冒木井等名胜古迹。庵中有一古洞，下通黄佛乡暗河。”《华阳县志》记载有鲁班修建古佛洞的民间传说。

金华庵（1996年） 黄龙溪镇 提供

金华庵坐西向东，五重檐硬山顶，总占地面积2400平方米，主要由山门、前殿、观音殿和大佛殿组成。前殿为木结构穿斗式梁架，二穿分心用五柱，上、下层，面阔五间23.25米，进深9.45米，通高11.83米，垂带式踏道20级；观音殿为砖木混合结构，面阔五间17.85米，进深14.15米，通高12米，三层檐，每层檐宽2.2米，底层檐口高2.75米，南北两侧有垂带式踏道6级；大佛殿为木结构穿斗式梁架，三穿用两柱，面阔五间18.08米，进深20.6米，通高13米，殿内有一尊石刻弥勒佛像，座高1.48米，肩宽0.7米，着双领敞怀袈裟，半跏趺坐于须弥座上。

这座依山而建层层攀高的明代古庵，面向锦江，下层至顶约30米，登楼东望，江景一览无余。五重大殿全由岩石开凿而成，为川西地区少见的建筑形式，具有很高的建筑价值与文史价值，被誉为“川西石宝寨”，对于研究成都地区明清时期佛教的发展、影响及建筑艺术等提供了宝贵的实物资料。

陈家水碾 始建于清康熙初年，华阳县陈家大院族首陈双发出资修建，故取名“陈家水碾”。水碾位于菜坝村，是传统的碾米、榨油等生活生产方式的实物例证。它利用锦江水流的动力资源，开渠建闸，由上碾沟、下碾沟和反碾沟三沟组成一个独岛，有三桥相通。三桥上建8碾，以直径1米的花岗石做石磙。其中，米碾1座，骨碾2座，油碾4座，面碾1座。为充分利用水力，反碾沟的碾使用上碾沟、下碾沟的循环水，同时在三桥之畔建筒车8辆，引三沟之水灌溉岛内300亩良田和岛外更多良田。另外，还建造榨油作坊1座，以与油碾配套。为方便交易，岛的上首、下首各建造小码头1座，以供来往船只停靠，或加工，或装运。全碾布局科学，设计精妙，构思独特，对研究川西地区清代社会生活和农业发展史具有重要的参考价值。史料记载：“陈家水碾建于清康熙初年，址属仁

陈家水碾（2007年） 黄龙溪镇 提供

寿县境内，临府河，凿3碾，筑3桥，开闸引府河之水而建。共8碾，以花岗石为磙，水力冲击而碾面、米、油、兽骨等。碾桥之畔尚有筒车8辆，灌田800余亩，历10年而成。”陈双发为保护水碾，捐银买了个“八品官”护身，虽有官位，却从没有到过职，因此，黄龙溪人称陈双发为“陈八品”，水碾也叫“八品碾”。1947年夏，锦江发生百年不遇大洪灾，洪水冲垮了锦江岸堤，碾、面、油房淹水1米多深，很多财物被洪水卷走，损失惨重。待洪水退后，陈氏家族齐动员，翻盖冲毁房屋，添置冲毁器具，一个多月后又恢复生产。解放后，陈家水碾由当地政府接手统管，生意稳定不衰。1979年后，由于大型米厂、面粉厂、机器榨油厂相继出现，陈家水碾生意开始下滑，后因无人承包，水碾一时无人管理，又因大水冲断水碾脚基，碾、磨、油闸相继损毁，只留有碾嘴、桥闸。2002年，黄龙溪镇政府专门组织打捞，从水底捞出2个大碾槽（磨盘）和近10个石碾子，并对原有建筑进行翻修，加盖了草顶盖，形成现在的景点。现存碾房呈东西走向，面阔五间17.8米，进深二间6米，14根钢筋混凝柱子，“人”字形木架悬山顶，上铺茅草，地面平铺红砂石长方形砖，下为3个拱券式排水孔。碾房内现存2个磨盘、1个石碾，保存较好，主要为周围居民舂米所用，南面有溢水坝。

卧龙湖 卧龙湖因纪念诸葛亮而得名。诸葛亮曾在黄龙溪镇操练兵马，当地人为纪念他，将这酷似一条龙的湖泊称为卧龙湖。湖上有镇龙桥，意为镇压兴风作浪的孽龙，防止水灾，是进入黄龙溪核心景区的通道。2006年，在黄龙溪古镇举办国际风情节之际，在卧龙湖和鹿溪河与锦江交汇处举行打鱼郎、鱼鹰捕鱼技艺表演，令人流连忘返。

卧龙湖（2018年） 黄龙溪镇 提供

三狮拜象　“三狮拜象”位于鹿溪河两岸，河东是象山，状似大象，树木葱茏；河西山峦起伏，中有三座峰，形如狮头，面对对岸象山，呈膜拜状。因修建籍黄路，狮头受损，仅能看出大致形迹。传说“三狮拜象”是集黄龙溪山水灵气于“象鼻”之上，“象鼻”上的邓家大院祖辈出过丞相。

蜀汉牌楼　黄龙溪古镇景区的门户。这座标志性牌楼建筑高 14 米、宽 30 米，跨街而立，气势天成，蔚为壮观。牌楼仿蜀汉风格，全部采用结实耐用的老木头，融入红砂岩建设而成，木石浑然一体，相映成趣，古意盎然，体现了黄龙溪厚重的三国文化历史渊源。

蜀汉牌楼（2017 年）

罗凯 摄

东栅、西栅　黄龙溪古镇场头场尾狭隘处，各设栅子门一个，也叫栅子、栅栏。栅门的材质，或木或石或铁，因地制宜，就地取材，以坚固耐用为佳。栅门是黄龙溪传统场镇的防护性、景观性建筑，二更关门，五更开门，具有治安防范的功能，与城寨的门楼、军营的辕门等建筑的性质相同。2005 年，黄龙溪镇在景区恢复东、西两个栅门，长 20 余米，宽 10 米，高 14 米，石木结构，二层建筑，甚为壮观。

据《蜀王本纪》记载，蜀王开明氏原本“治广都樊乡”。广都樊乡就在今双流区牧马山一带，包括黄龙溪治境。由于当时成都平原还是一片泽国，“结巢而居”，“犹树木栅于西州”是也。正是受这种“巢居文化”的影响，后来黄龙溪习称积木楼居为“干栏”，或曰“阁栏”，所建都市城郭，以及集镇乡场的栅门，大多取木栅而为之。如今黄龙溪古镇大多为“干栏”式建筑，是有历史传统的。

西寨门、东寨门　正对龙潭广场，矗立一座寨门，位处古镇最西头，高 30 余米，宽 10 米，顶上正中刻“西寨门”三字，石柱上有楹联：“四海腾飞，黄龙千古兴华夏；五谷丰稔，碧水双流润蜀乡”。门上有圆木板铭文：“西寨门，黄龙溪古镇‘结木为栅’，历史久远。”北宋时黄龙溪已是川西商旅重镇，地当三县之交，为了维系集镇的治安和秩序，防患火灾，保场镇一方平安，古镇在进出场镇的东、南、西、北的街头巷口都修有栅门或栅楼。白天由水上警察——“团丁”维持治安，夜晚则由“打更匠”负责巡逻。此寨门为清代寨门风格，敦实的红砂石台基上，石柱头架起寨门主体。2005 年，在水码头上，新建了一座东寨门，高 30 余米，宽 10 米，顶上正中刻“东寨门”三字，与西寨门遥相呼应。

西寨门（2016 年）　　黄龙溪镇　提供

东寨门（2017 年）　　黄龙溪镇　提供

滴水漫滩　位于原古桥和古河道上，2005 年年底开始修建，是一个集水利和观赏性于一体的工程。该工程从 3000 米外的古佛堰引水而来，利用原有的古河道，采用水位高低的落差层次，形成一种水往下漫出的景致。水流从上河道，通过滴水漫滩，最后注入锦江。滴水漫滩的石桥下，溪流与锦江水融为一体。游人既可戏水于这片滩涂，亦能站在滴水漫滩的石桥上凭栏远眺，向北可遥望锦江，向南可一览田园水村全貌。

廊桥　2010 年 12 月启动建设，全长 367.57 米，桥面宽 18 米，其中车道宽 7.5 米，主拱高达 10 余米，具有五级通航能力。廊桥的外观设计，主要以黄龙溪古镇的山水景色、文化背景、人文景观为借鉴元素，与古镇相得益彰。桥梁建成后，既方便了古镇锦江两岸的百姓出行，也为古镇增添了一道亮丽风景。

川西民居文化一条街　由老龙门进入川西民居文化一条街，首先看到的是四根乌木，古人云："家有乌木半方，胜过财宝一箱。"古时达官贵族才会拥有乌木，乌木燃烧后呈金黄色，又有软黄金的说法。乌木需要经过上千年乃至上万年的碳化过程才能呈现出现在的样子，将其摆放于此，彰显了黄龙溪古镇悠久的历史。

川西民居讲究"天人合一"的自然观与环境观，材料就地选用。既节约成本，又与环境协调，相映成趣，乡土气息格外浓郁。民居文化一条街搭建的民居都精选原生态材料修建而成，呈现出相互的对应美、自然美。把周围的大环境引入封闭的小环境中，形成了人与住宅、环境的和谐统一。这些清代穿斗式木结构建筑都有着 300 多年

滴水漫滩镇龙桥（2012 年）　　黄龙溪镇　提供

黄龙溪廊桥远观（2013 年）　　黄龙溪镇　提供

川西民居文化一条街（2018 年）　　黄龙溪镇　提供

千年乌木（2017 年）
李思健　摄

的历史，栏杆窗棂镂刻精美，以糯米汁调和灰浆、桐油黏结砌筑的封火墙坚固无比，极具保存价值。如果登高远望，无数清瓦屋顶鳞次栉比，像青色的波浪层层铺卷开去。民居文化一条街上的风谷机、连盖、枷谷耙等农耕工具，让游客深刻感受到中国传统农耕文化的魅力。

四川省三都博物馆黄龙溪分馆　为更好地保护黄龙溪古镇的历史文化遗产，充实古镇旅游的历史文化内涵，2006 年，在古镇镇龙街（51 号）启动建设占地 4500 平方米的民俗文化演艺中心。2009 年，位于演艺中心内的黄龙溪古镇博物馆建成，主要展示青铜器、古钱币、瓷器和民间日用品，并将部分富有双流文化特色的文物集中到黄龙溪展出。之后，在此基础上升级建设四川省三都博物馆黄龙溪分馆，并于 2011 年 6 月 30 日

四川省三都博物馆黄龙溪分馆（2012 年）
黄龙溪镇　提供

三都博物馆黄龙溪分馆黄龙大剧院表演川剧变脸（2017 年）
黄龙溪镇　提供

正式开馆。该馆占地1000平方米，总体布局为庭院园林风格，以汉代风格建筑为基调，由龙文化展厅（原黄龙溪古镇博物馆）、水文化展厅、水龙吟演艺厅和书画艺术厅四个展厅组成，展出的藏品包括名家书画作品、古物青铜雕刻及汉陶藏品等各种艺术珍品，其中不乏唐三彩、宋青花等珍贵陶、瓷艺术品。展馆内的“西坝窑”展区可谓独具特色，展出的宋代西坝窑精品显示了高超的工艺水平。西坝窑兼具宋代南北名窑之长，窑变釉、彩釉、釉下彩瓷足以和河北定窑、磁州窑，福建建阳窑系媲美；其白瓷系器物尤为罕见，艺术风格独树一帜。在水文化展厅，集中展示了千年水码头黄龙溪的历史文化。

影视摄影基地

1983—2016年，在黄龙溪拍摄的影视片有200余部，其中包括故事片、电视剧、专题片、纪录片、风光片、科教片等。黄龙溪被誉为“影视之城”。

黄龙溪摄影基地（2012年） 黄龙溪镇 提供

东方“好莱坞” 黄龙溪的明清时代古建筑仍然保存完好，引起了影视界人士关注。1983年，峨眉电影制片厂首次到黄龙溪，在黄龙溪取景摄制了电影《卓文君与司马相如》。从此，黄龙溪就成为电影、电视片的摄影基地。黄龙溪古镇人民也参与到电影中来，古镇唯一的裁缝铺也成为影视剧组服装、道具的临时作坊，为许多古装影片制作所需物品。由中国电影合作制片公司、美国熊猫制片公司、美国探险制片公司联合拍摄的《女人与熊猫》，将黄龙溪推向了国际旅游市场；由中央电视台、新华社在黄龙溪联合拍摄的《中国龙》在欧美发行后，黄龙溪古镇更是声名大振，被影视界称为东方“好莱坞”。复兴街枕江楼处桥头，立有金属铭文牌：“第二十八届国际摄影艺术联合代表大会‘黄龙溪摄影基地’”。

荧屏“黄龙溪”　上河街曾是《狂》的拍摄场景地之一，该电影由作家李劼人的著作《死水微澜》改编而来，兴顺号醉仙楼里，张贴有《狂》的电影图片和剧情介绍，为宣传酒楼之名片。2008 年，黄龙溪完成“其香居茶馆”“凤求凰摄影馆”等 5 个影视还原点。2012 年，通过合作拍摄电影的方式进一步促进景区的宣传推广，联手影视公司合作拍摄电影《非秀不可》，并于 10 月协助剧组完成了在黄龙溪古镇景区内的拍摄工作。2014 年，大型外宣纪录片《穿越・成都气质》在腾讯视频热播，其中第四集《逸》以独创的“穿越体”展示了黄龙溪独有的古朴气质和文化内涵。以黄龙溪古镇景观、码头、锦江、古戏台、三县衙门、钱币交易柜为背景，详细介绍了黄龙溪作为有 2000 年历史的水码头，所独有的文化底蕴、地域特色和饮食文化，景观场面气势恢宏，古韵十足，

《长征组歌》剧照（2016 年翻拍于《古镇魅影》）

黄龙溪镇　提供

《在其香居茶馆里》剧照（1993 年）

黄龙溪镇　提供

《跑滩》剧照（1994 年）　黄龙溪镇　提供

《秋潮》剧照（1991 年）　黄龙溪镇　提供

正如影片中所描述的那样“它为成都人提供了乐活的去处”。该视频上线以来，在腾讯视频的点击率超过 4 万次，赞誉不断，网友点评“以后到成都一定要到黄龙溪”，“成都是个好地方，看了视频更有想去黄龙溪的冲动”。

部分影视作品览 1983—2016 年，先后有《海灯法师》《刘伯承血战丰都》《乔老爷奇遇》《国际大营救》《长征组歌》《芙蓉镇》等 200 余部影视片在这里拍摄。中央电视台也先后拍摄了《黄龙溪烧火龙》《黄龙溪今日》等节目。

1983—1995 年在黄龙溪镇拍摄的影视作品一览表

表 1

拍摄时间	影片名称	拍摄单位
1983 年	卓文君与司马相如	峨眉电影制片厂
1986 年	海灯法师	峨眉电影制片厂
	朱德的童年	四川电视台
1987 年	家春秋	峨眉电影制片厂
	海灯传奇	峨眉电影制片厂、西安电影制片厂
	荒坟鬼影	峨眉电影制片厂
	刘伯承血战丰都	四川电视台、成都军区政治部
	赶尸	香港汉山影业公司
	借妻	成都电视台
1988 年	乔老爷奇遇	四川电视台
	生人妻	四川电视台、重庆电视台
	千古奇冤陈世美	成都电视台
1989 年	无敌青城剑道	峨眉电影制片厂
	绿色音符	峨眉电影制片厂
1990 年	国际大营救	峨眉电影制片厂
	小小和尚	台湾金鼎影业公司
1991 年	秋潮	峨眉电影制片厂、上海华东电影公司
1992 年	张保斋传奇	香港汉山影业公司
	好男要当兵	八一电影制片厂
	红楼外传	四川电视台
1993 年	在其香居茶馆里	四川电视台
1994 年	小醉拳	峨眉电影制片厂
	爱火情仇	成都广播艺术中心
	苏东坡	成都广播艺术中心
	跑滩	中央电视台、绵阳电视台
1995 年	妙春	峨眉电影制片厂
	清音江故事	四川电视台
	大进军	八一电影制片厂
	变脸王	北京电影学院、青年电影制片厂

旅游项目

水上游 黄龙溪以水兴镇。黄龙溪有观光船和快艇，让游客在古镇黄龙溪、赤水河畔体会水上泛舟的乐趣。2009 年，“诸葛号”三国战船首次亮相，船头挂战旗，两边装饰成古城墙，船顶形似诸葛亮所戴头冠。该战船可乘坐 38 人，时速达 18.52 千米。2016 年，黄龙溪有 100 多艘旅游船只。

乡村采摘游 2006 年起，黄龙溪兴起了“乡村游”“吃农家饭、住农家屋、学农家

黄龙溪水乡（2017 年） 李灵 摄

水上泛舟（2012 年）

黄龙溪镇 提供

游客采摘蓝莓（2015 年）

黄龙溪镇 提供

活、享农家乐”热潮，游客通过垂钓、蔬果采摘，享受田园之乐。

黄龙溪葡萄、草莓采摘体验园以双黄路为主线，分布于沿线两侧，分别位于东岳村、古佛村、嘉禾村。总面积达 1200 多亩，共投入资金 7000 多万元。2015 年，时值冬草莓上市季节，黄龙溪各家草莓采摘园内，各种口味的草莓娇艳欲滴，前来采摘品尝的市民络绎不绝。摘颗草莓、吃口农家菜、晒下太阳、喝口清茶，不少市民趁机享受闲暇时光，体会田园生活。同年，四川省旅游局公示了 2015 年四川乡村旅游创客示范基地名单，黄龙溪古镇成功入选，成为成都市 9 个入选四川首批乡村旅游创客示范基地的单位之一。

节庆活动

黄龙溪龙舟会 龙舟会是黄龙溪的先民根据《甘露碑》记载的“建安二十四年

（219），龙见武阳赤水（即鹿溪河）”和民间“龙生九子”的传说，为追求光明、祥和、幸福而举行的竞赛活动。黄龙溪建镇后，1995 年举办第一届龙舟会，至 1999 年共举办 4 次。龙舟会通常在端午节期间举行，活动项目有龙舟竞赛、抢鸭子、水龙表演、川剧演出等，由各村和镇上的企业组成 12 支龙舟队参与比赛，数万名观众参会观赛。

国际古镇风情节

2006 年 8 月 17 日至 2007 年 4 月，黄龙溪镇举办“2006 首届黄龙溪国际古镇风情节”，主题为“千载古镇、万般风情”，包括第 28 届 FIAP 摄影采风活动和古镇风情节开幕式暨大型开城仪式、大型水上实景激光焰火晚会等活动，展示了黄龙溪源远流长的蜀文化、水文化、三国文化、宗教文化、民俗文化、影视文化。风情节期间接待了来自 40 多个国家的游客 50 余万人；旅游创收突破 3000 万元;《人民日报》、中央电视台、香港《文汇报》、中国新闻网、《四川日报》、《成都日报》、中央人民广播电台等 200 余家媒体进行宣传报道。

古镇风情节新闻发布会 8 月 17 日，在成都市锦江宾馆二楼国际会议厅举办了古镇风情节新闻发布会，宣布以“国际古镇风情”为内容的大型旅游文化盛会在双流县黄龙溪镇举行。

摄影采风活动 9 月 5 日，第 28 届 FIAP 大会“精彩黄龙溪”摄影采风活动在黄龙溪举行，40 多个国家的摄影家 182 人，国内摄影家 77 人，市内摄影爱好者 35 人到古镇采风。

开幕式 9 月 27 日，举行由中央电视台主持人杨柳、李修平联袂主持的首届黄龙溪国际古镇风情节开幕式暨大型开城仪式，7 个外宾团队和 4 个内宾团队共计 350 余人参加仪式。同时，还在成都市体育中心举办“古镇风情一日游发车仪式”，加强了古镇景区和各大旅行社的合作。

推介会 9 月 27 日，双流县项目集中签约仪式暨黄龙溪品牌推介会在家园国际会议中心拉开序幕，活动签订 70 亿元的投资合同，黄龙溪签约项目 2 个，引进资金 6.8 亿元。

形象代言人选拔 10 月 6 日，黄龙溪“美丽风情组合”集体形象代言人选拔赛举行。通过近一个半月的海选和初赛，在 2000 多名报名参赛的人员中选出 41 名选手进入复赛，又通过 10 月 2 日、4 日的两轮复赛和 10 月 6 日的决赛，在评选出最佳才艺奖、最佳上镜奖、最佳口才奖、最佳人气奖、最佳身材奖、最佳微笑奖、最佳活力奖的同时，精选出 3 名综合素质颇高的美丽组合形象代言人。

高原三星放歌黄龙溪 2010 年 5 月 1 日至 3 日，由双流县文化旅游管理委员会、双流县文化旅游局、黄龙溪镇人民政府和黄龙溪古镇景区管理局主办，四川雅鲁藏部文化传播有限公司承办的大型文艺演出——“高原三星放歌黄龙溪”举行。德乾旺姆、亚西都以及“高原三姐妹”组合先后登场，献唱《在那草地上》《献给阿妈的歌》《一个妈妈的女儿》《敬酒歌》等歌曲。黄龙溪古镇的传统民俗表演烧火龙、舞狮等也一一亮相。

国际香囊节艾尚黄龙溪 2010 年 6 月 14 日至 16 日，由成都市旅游局、双流县人民政府主办，双流县文化旅游管理委员会、双流县文化旅游局、黄龙溪镇人民政府和黄龙溪古镇景区管理局承办，以“国际香囊节艾尚黄龙溪”为主题的大型端午主题旅游活动在黄龙溪古镇举行。此次端午节庆活动保留了端午节“过端午、挂香囊”的民俗，同时还融入现代街舞、潮流音乐、街头运动等现代元素。14 日和 15 日夜间，黄龙溪举行了大型时尚音乐派对，国内外 DJ 和歌手参加了演出。此次端午节旅游主题活动共接待游客 18.4 万人次，同比增长 38.9%；旅游收入 1288 万元，同比增长 62%。

黄金周节庆活动 2010 年 10 月 1 日至 2 日，首届黄龙溪大河音乐节在黄龙溪古镇举行。此次音乐节是四川地区唯一一场户外大型娱乐音乐演出。歌手蔡依林、阿杜等，乐队 DJ，以及川内本土众多乐队参加活动。同时，第七届中国（成都）国际美食旅游节双流分会场在黄龙溪古镇举行，民俗演艺中心内举办了美食展销会。国庆黄金周期间，共接待游客 88.67 万人次，同比增长 9%；旅游收入 7093.6 万元，同比增长 45.1%。

啤酒节 2013 年 6 月 9 日，黄龙溪古镇举办的主题为“五光一色黄龙溪”的大型啤酒节活动正式开幕。啤酒节设 1 个主会场和 7 个分会场，每个分会场都有不同的娱乐

2013 年黄龙溪啤酒节（2013 年） 黄龙溪镇 提供

2016 年 6 月 25 日，黄龙溪古镇景区举办黄龙溪“周文化活动”启动仪式（一） 黄龙溪镇 提供

2016年6月25日，黄龙溪古镇景区举办黄龙溪“周文化活动”启动仪式（二） 黄龙溪镇 提供

互动抽奖项目，供不同年龄段及不同爱好的游客选择。啤酒节期间，黄龙溪古镇向市民免费提供数万瓶雪花啤酒供大家畅饮。黄龙溪啤酒节开幕后，吸引了众多的中外游客消夏，值端午节期间，黄龙溪的人流量日均高达 80 多万人次。

“龙吟九州”主题活动 2016 年 6 月 25 日，由双流区文化旅游和广电新闻出版局主办，双流区文化旅游管理委员会、黄龙溪街道办事处、黄龙溪古镇景区管理局协办，艺海鑫宇文化传媒有限公司执行的“龙吟九州”——黄龙溪“周文化”主题活动启动仪式及大型文艺晚会在黄龙溪景区内三都博物馆黄龙溪分馆举行。晚会演出时长约 2 小时，节目涵盖歌舞表演、民谣联唱、川派脱口秀等多类型。“龙吟九州”——黄龙溪“周文化”系列主题活动以“周”为周期，每周六晚在景区内三都博物馆黄龙溪分馆举办一场盛大的文艺晚会，做到“每周不重样，场场有主题”，古镇景区酒店、宾馆在工作日的入住率均保持在 70% 左右。

乡村音乐节 2016 年 10 月 22 日，由双流区人民政府和华侨城西部投资公司联合打造的华侨城 · 黄龙溪——“十里八湾”乡村音乐节在黄龙溪古镇举办。包括崔健、唐朝乐队以及法国的热力俱乐部等歌手、乐队登台献唱，还有黄龙溪当地的传统艺人登台展示川剧、川江号子、烧火龙等传统文化艺术。音乐节吸引了周边近万名市民专程前往观看。

2016 首届成都国际音乐诗歌季 2016 年国庆节期间，由中共成都市委宣传部、成都市文广新局、成都市文联、四川音乐学院主办，成都商报社承办的“2016 首届成都国际音乐诗歌季”晚会于 10 月 1 日在黄龙溪景区举行，上万名游客参与活动。晚会结合国庆主题，回顾了红色经典音乐作品，具有黄龙溪当地文化特色的非遗民俗艺术川江号子等也登台进行表演。

2016 年 10 月 22 日，黄龙溪古镇举办乡村音乐节

黄龙溪镇 提供

2016 首届成都国际音乐诗歌季现场

黄龙溪镇 提供

旅游服务

游客服务中心 黄龙溪旅游景区游客中心是黄龙溪古镇景区管理局设立的多功能服务性机构，位于古镇游览区入口处，集咨询、导游等功能于一体，设施齐全，与成都旅游咨询服务中心联网，设置导示系统和旅游管理系统，在主要景点、街名牌、景区浏览图等处均用中文、英文、日文、韩文四种语言进行标识。游客中心可提供旅游线路指南、景点简介、人工咨询、导游安排、电子视听、免费饮水等各种方便游客的服务，还在此明示黄龙溪旅游景区活动节目预告，公示游客中心工作人员和导游人员照片及相关管理制度，全方位向游客介绍黄龙溪旅游景区概况。此外，还出售各种黄龙溪旅游景区特色商品和旅游纪念品。

旅游交通线路

黄龙溪的公路交通四通八达，有公交和自驾两种方式。

公交线路 成都金沙车站乘车可直达黄龙溪古镇，上车才买票，车程 70 ~ 80 分钟。

成都旅游集散中心新南门车站乘坐直达黄龙溪古镇的车，车程 70 分钟。

成都汽车总站乘坐 819 路公交车到华阳客运中心（车程 40 分钟），在华阳客运中心

黄龙溪旅游客运中心（2016 年）　　黄龙溪镇　提供

转乘 821 路公交车（车程 30 分钟）可达黄龙溪古镇。

成都茶店子乘坐到双流客运中心的客车（车程 50 分钟），在双流客运中心乘坐 808 路公交车可达黄龙溪古镇（车程 30 分钟）。

成都火车北站公交站乘坐到双流客运中心的车，在双流客运中心乘坐 808 路公交车可达黄龙溪古镇。

自驾游线路　从成都市中心天府广场沿着人民南路直走天府大道，双华路口转入双华路，行驶 3 千米后左转入双黄大道直达黄龙溪。

城南高速成都收费站转入南三环路，在三环路天府立交桥下转入天府大道，经双华路转入双黄大道直达黄龙溪古镇。

成绵高速（成都—绵阳）成都收费站转入成都绕城高速，天府大道出口下，经双华路转入双黄大道直达黄龙溪古镇。

成乐高速（成都—乐山）彭山收费站转入直达黄龙溪古镇。

成温邛高速（成都—温江—邛崃）成都收费站转入成都绕城高速双流出口下，经双黄大道直达黄龙溪古镇。以上路线均有醒目路标。

民居客栈

至 2016 年，黄龙溪有民居客栈 115 家，可提供 6000 余个标准间、套间。

成都凯斯顿黄龙大酒店　位于镇龙街 38 号。总面积约 21700 平方米。酒店一期拥有 117 间（套）豪华客房，黄龙轩中餐厅、凯撒西餐酒廊两大中、西特色主题餐厅能同时容纳 300 人，另设有 12 个特色中餐包房。酒店有 13 个棋牌室、5 间能同时容纳约

520 人的会议宴会场地，龙吟厅固定剧院能容纳 380 人，是黄龙溪首家配套完善的高星级酒店。

黄龙溪欣瑞大酒店　位于黄龙大道四段 3519 号。2013 年开业。酒店以现代建筑风格和川西文化底蕴为特色，设有各种类型的客房 113 间，拥有设备完善、功能齐备的大小会议厅、多功能厅等。

成都·黄龙丽景酒店　地处黄龙溪核心景区月牙街 45 号。2013 年开业，可同时容纳 100 人入住。客房拥有独立品茗区、观景阳台、宽带上网、迷你酒吧等配套设施。餐厅能容纳 200 余人同时就餐。

鹿溪园酒店　位于古佛村双黄路 155 号。2006 年开业，约占地 12 亩，有豪华包间 13 间，棋牌茶座、咖啡座休闲包间 8 间，大小商务会议厅 2 间，同时接纳 200 余人就餐，可提供露营及室外烧烤等服务。

天保堂客栈　古名宅天保堂，位于镇龙街 4 ～ 8 号，龙潭广场（西寨门）下龙颈瀑布右侧。客栈一楼是餐厅、茶坊，二楼、三楼住宿。可同时容纳 200 余人就餐，拥有 6 个特色雅间。

鹿溪竹苑　位于鹿溪河旁，距古镇码头 200 米。建于 2003 年 12 月，总占地 7 亩，林木 4 亩，既是餐饮休闲场所，又是黄龙溪龙溪小竹海景点之一。2005 年 8 月 23 日，双流县委宣传部授予鹿溪竹苑“十佳农家乐”称号。

鹿溪园酒店（2018 年）　　黄龙溪镇　提供

龙溪流韵（2017 年） 王鸽 摄

古镇“龙”文化

黄龙溪因“龙见赤水”而得名，是蜀汉政权的圣迹之地。刘备以“龙见赤水”登基，蜀汉龙文化由此形成、发展和昌盛。黄龙溪人世代尊龙、爱龙、写龙、画龙、雕龙、绣龙，古龙寺里的盘龙柱、商店里的龙根雕，赛龙舟、烧火龙等龙的形象和龙文化在古镇随处可见，是中国龙文化最集中的地方之一。黄龙溪有龙头广场、龙尾广场、古龙寺、真龙街、聚龙街、川龙街、龙岛、镇龙桥、黄龙大酒店、龙旅酒家、黄龙苑、龙溪苑。锦江廊桥、锦江河边安全护栏等处雕刻了各个朝代的“龙”图、“龙”字。三都博物馆黄龙溪分馆的展品中共有2000多幅“龙”字、“龙”图作品。

HUANGLONGXI TOWN
黄龍溪

“龙”文化景观

“黄龙见水”

2009 年 10 月，黄龙溪古镇围绕打造“天府第一古镇”的目标，邀请成都印堂文化传播有限公司为黄龙溪古镇做旅游视觉形象策划设计，引水入镇，打造“黄龙见水、溪通古蜀”景观工程。在古镇的入口建龙潭广场，广场中央一侧卧“龙之形”龙潭，同时设置“文化石壁”，石壁上刻诸葛亮以龙形鼎沉江拜水的历史典故。自龙潭广场西寨门起，经真龙街、卧龙湖至锦江，是一条绵延数百米、宽十余米的街道，在街道中间有一条“龙”形溪流渠，形成“黄龙见水”水景一条街。“神龙抬头、龙颈飞瀑、真龙现身、黄龙摆尾”，构成黄龙溪最大的文化符号。

神龙抬头 古云：“黄龙渡清江，真龙内中藏。”黄龙溪的西寨门和龙潭广场组成龙头，水自龙头口中喷出，珠飞玉溅，雾气弥漫。龙潭广场是一个下沉式的广场，位于古镇景区入口处，面积约 2000 平方米。房檐即为龙角，“黄龙溪”三字下的圆形石墩即为龙眼，吐水的石台奇观即为龙嘴，两旁的石阶即为龙须。

苍莽黄龙（2016 年） 张平江 摄

广场中央铸鼎，是根据“逢喜事，铸鼎记事”的民俗而来。表现的是诸葛亮沉鼎醒龙的历史传说。秦汉时期，鼎被视为权力的象征，为立国重器。诸葛亮因黄龙溪有“黄龙见武阳赤水九日”之吉兆，特派司金中郎将张青和铸铜名匠薄元（益州人）铸一铜鼎昭示天意。鼎高 3 尺（1 米），龙纹，铭文为诸葛亮手写“龙见武阳赤水九日，帝王之相”十二字。后择吉日将鼎沉于黄龙溪锦江中。有关诸葛亮铸龙鼎沉江之事在梁虞荔《鼎录》中记载曰：“龙见武阳赤水九日，因铸一鼎，像龙形，沉水中。”广场周围被 9 根黄龙图腾柱环绕，上有龙生九子的图腾。另外，在龙潭广场石墙雕刻了以诸葛亮为主题的石壁画；在龙潭广场栏杆上雕刻了诸葛亮及三国史上部分重大历史活动的浮雕，力求体现“三国文化”中的忠、廉、信等传统文化精髓。

龙颈飞瀑 龙颈是根据坡地的自然地形建造的一个个小型瀑布叠溪景观，瀑布哗哗，水汽茫茫，是黄龙见水系列景观的第二部分。神龙抬头下约 20 米是龙颈飞瀑，宽约 10 米的流水自约 2 米高的龙颈分 5 层倾泻下来，如流珠洒玉。两边是黄龙溪真龙街主体，楼宇林立，彩灯高悬。

真龙现身 真龙街上的小溪组成黄龙身。真龙街是以川西平原的农耕文化为核心打造的一条溪水景观街。古镇外古佛堰的水引流到古镇内，形成的一条水街即为龙身，街中流水，水中有树，沿途有老式水碾、水井、水车、石磨等，中间不时出现石

水街（2013 年） 黄龙溪镇 提供

黄龙摆尾（2009 年） 曹详海 摄

桥、木桥、独木桥、石墩桥、石拱桥，溪流中堆放着石蛤蟆、石乌龟，格外有趣。清澈的流水、明亮的波纹，倒映着苍翠的树木，还配有完善的灯光、导视等辅助设施。游客可以脱掉鞋袜走进水里，也可以踩水车，推石磨，亲身感受水生龙趣、与龙共舞的快意。

黄龙摆尾 “黄龙摆尾”是“黄龙见水”主题景观的收官之作。一条 6 米长的龙尾高高跃起，与西寨门入口的龙头、龙鼎遥相呼应。溪流自龙鼎沿街而下，到这里变成浅水漫滩，小溪流至街中的龙潭湖后折弯向北至锦江，形成黄龙摆尾。黄龙之尾在此时隐时现。龙尾呈土黄色，鳞片栩栩如生，不远处两江交汇，江水滔滔，绿野茫茫，黄龙不由得乘兴“摆尾入江”，沿江入海，仿佛要托着整个古镇腾飞。

“龙”形街巷

黄龙溪因龙得名，因龙而灵，龙佛、龙寺、龙灯、龙舟，构成丰富多彩的龙文化。现在的黄龙溪古街建筑由清初移民贺、乔、唐三家始建，将街道修成龙的形状，取“藏龙于街”之意，以保平安。街上专门修建 3 座寺庙，即顺锦江西岸而下，黄龙正街上依次排列的镇江寺、潮音寺、古龙寺。镇江寺供奉镇江王爷，意为扼住龙头；潮音寺建在紧挨着镇江寺不远的位置，特奉观世音菩萨，意为卡住龙颈；古龙寺供奉黄龙祖师牌位，意为按住龙尾。黄龙正街形似一条“卧龙”，旁边的湖也因此得名卧龙湖。

镇龙街 镇龙街即真龙街，是“黄龙见水”系列景观第三部分“真龙现身”，长约 460 米，宽约 10 米，两旁发散出的小街巷形似黄龙爪。

镇龙街（2018 年）

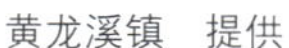

黄龙溪镇 提供

老龙门（2017 年） 李思健 摄

川龙街 长约 300 米，宽约 12 米。2016 年，为挖掘黄龙溪文化创意元素，传承巴蜀传统文化，黄龙溪古镇景区管理局从多个维度对景区业态进行升级打造，启动了川龙街风貌形象改造及引水入街工程，同时在此街道上引进了杨柳院子、五木夕咖啡馆、三生川、花果酒、龙门阵等特色文创类业态。

聚龙街 原名幽龙街。长约 120 米，宽约 6 米。街道两侧为川西民居建筑。

老龙门 景区入口过了牌坊，就是老龙门。老龙门建于

黄龙溪龙文化爱好者“龙”书法作品（2005年）　邬明树　摄

清嘉庆年间（1796—1820）。门框、门板全部采自于大山的老桤木，门基采用当地的红砂岩构成。高约4米。门匾“竹苞松茂”4个字出自《诗经·小雅·斯干》中“如竹苞矣，如松茂矣”句。川西平原流传一种说法，门槛越高就代表屋主越富有，反之，门槛越低就说明越贫穷。在古时候，龙门也代表科举考场的府第，一登龙门则声誉十倍。

龙字壁　位于古镇景区停车场内的龙潭广场入口处。字壁高约7米，宽约5米。采用川西民居传统古龙门建筑风格，小青瓦盖顶，飞檐翘角，门檐正上方为“撑弓吊瓜”装饰。圆木镶嵌红花石板，正中镌刻黄龙溪标志性图标“龙”字，两侧各有54个“龙”字，共计109个“龙”字，涵盖了各个朝代、多个民族的甲骨文、金文、小篆、大篆、隶书、行草以及黄龙溪当地龙文化爱好者自创的“龙”字体。这些“龙”字，从黄龙溪镇政府于2006年向海内外征集的近万幅“龙”字书法造型作品中遴选而来。

龙字壁（2017年）　邬明树　摄

火龙灯舞

黄龙溪是中国民间艺术之乡（火龙艺术），“火龙灯舞”更是独具特色，为黄龙溪镇一绝。黄

火龙飞舞（2016 年） 袁浩 摄

龙溪“烧火龙”习俗源于东汉，盛于南宋，元朝开始广为流传，世代相传。“火龙灯舞”沿用民间流传的关于主宰光明与时间的“烛龙”与主管风雨的“应龙”神话及“龙生九子”的故事。据《仁寿县志》和《华阳县志》记载，黄龙溪“烧火龙”之源大抵是南宋时期的“舞龙”表演，在“舞龙”图腾文化的基础上，创造了这项特色文化活动。“岁岁春节烧火龙，烟花遍地乐融融。一任火焰高百尺，龙腾人欢气势雄”，便是“烧火龙”的真实写照。旧时的“火龙灯舞”，是居民用以除恶辟邪、迎风祈雨的固定习俗，带有一定的迷信色彩。现在的火龙不仅在造型上有了很大的改进，编排上也极富特色，成为当地居民盛大节日中的保留节目。

2008 年 6 月，黄龙溪“火龙灯舞”被收入第一批国家级非物质文化遗产扩展项目名录。2009 年，被列入四川省非物质文化遗产名录，并申报国家级非物质文化遗产名录。2010 年，被成功列入国家级非物质文化遗产名录。

火龙制作

黄龙溪火龙造型来自图腾文化中龙的样式，主要有蛇身、鹿角、虎眼、牛耳、狮鼻、鹰爪、马踵、鱼鳞和兽腿。火龙灯由竹条、布、棉带、油漆、发光材料、竹棍等进行编扎、包裹，加以彩绘，龙身采用防火、反光材料制成并以黄色为主色调，边、须为

出铁水（2012年） 黄龙溪镇 提供

火红色，背脊为藏青色，内置灯火，结构为“四部九节”。“四部”为龙头、龙宝（红宝、金钱宝）、龙身、龙尾。龙头呈长圆形，其中龙嘴长45厘米，内置烟花或焰火装置；龙角长50厘米；龙须透明；龙眼外突，大而有神，内装点燃的蜡烛。龙宝直径35厘米，嵌于饰有彩绸的直径45厘米的龙宝架中，既可转动又可饰灯。龙身由“九节”组成，长20米，直径34厘米；龙眼、龙身、龙衣用反光材料粘连鳞甲状物质而成。龙尾长约1.5米，呈微微弯曲的翘柳形。整个龙身分为匀称的九节，各节内插点燃灯。舞龙灯时，龙头及各节之下有支撑竹柄，长50厘米，由一名艺人操持，舞动时灵活婉转，如神龙遨游。

火龙配套物品 舞龙人穿戴草帽、短裤、草鞋。短裤和鞋子以金黄色为主色调，头饰和腰带使用大红色。配套乐器有鼓、锣、钹、唢呐等。仪式所用烟花的火药配方独特，其主要成分是硫黄、木炭、铁砂、纸筒和酒。经过科学配比，调制的火药热量低，火花艳丽夺目，火焰喷射有力。以前采用易爆的竹筒烟花，后改良为纸筒烟花，并在纸筒烟花的外包装上标注了安全线。这种烟花在使用时安全环保，烧出的火花绚丽多彩。1994年火龙队成功申报“黄龙溪火龙表演专用烟花”专利。2010年又创新制作了“铁水焰花”，投用后，场面更加精彩。铁水焰花的主要成分为硫黄、木炭、铁砂和酒，具有热量低、火焰艳丽、耀人眼目、喷射有力的特点，即使喷射在赤裸上身的舞龙者身上，也不会造成任何伤害。

舞龙 在舞火龙前，先由一队身着道袍的司仪引导火龙队到河边，然后由道士做法事，祈祷新的一年风调雨顺、五谷丰登、人们的生活幸福美满；舞龙队整装待发，焚香祷告；以鸡冠之血祭祀，全场肃穆敬天；祭祀完毕，最后再“请龙出海”，开始一年一

2007 年第一届中国成都国际非物质文化遗产节舞龙表演　　黄龙溪镇　提供

度的热闹灯舞。舞龙队伍共 3 组，其中舞龙 10 人，烧花人员 10 ~ 20 人，乐器 6 ~ 8 人，宫灯、排灯等 10 人，共计 50 人左右。舞龙人头戴草帽，赤裸上身，穿着短裤，脚蹬草鞋。在喧天的鼓乐声中请德高望重的地方名人给龙“点（朱砂）眼”，先点左眼再点右眼。点时舞龙者齐唱：“一点金，二点银，三点风调雨顺，四点吉祥太平。”或唱其他贺年的吉祥、喜庆诗词。鼓乐并起，由地方长官或知名人士点燃龙嘴的烟花，此为“龙嘴喷花”，龙头颔首三叩，向各方、各级贵宾和现场百姓拜年，祝贺新春快乐。此时过节观灯的四方万千男女、老幼民众皆同时点燃手中特制的竹筒烟花，向舞动的火龙交替喷射。一霎间，竹爆声声、烟花四起，鞭炮声、烟花喷射声、人的呐喊声混成一片，响声连天，烟火弥漫。火花喷洒在龙身、人身上，遍地开花。舞龙人依次进行“龙宝引路”“一字长蛇”“金龙摆尾”“腾云起浪”“金龙出宫”“反扭麻花”“随波起浪”“飞龙在天”“亢龙有悔”等动作表演。在鼓乐伴奏中展示飘、游、叠、转等舞姿。手中龙把紧握，随龙头挥舞，火星点点，身躯不断抖动，脚跟稳健，表现出“龙”之威严与英武，惹得四周一片惊呼。伴奏乐器主要有锣、鼓、钹、马唧子等打击乐器。曲牌有《长三会》等。最后，龙首高昂，龙身呈盘龙状现收式，在一片烟花爆竹声、锣鼓声、唢呐声、万人呼喊的鼎沸气氛中，答谢观者，祈求来年风调雨顺、五谷丰登、幸福美满。

给舞龙队挂红放炮后，观众便可持烟花喷烧火龙了。“火龙灯舞”除了火龙以外，人们还在前面安排了排灯、宫灯以及象征水底世界的蟹、鱼、虾、蛙等灯，使“火龙灯舞”更加热闹，具有逼真的效果。每一个仪仗配饰，都蕴涵着一个传统的民间故事。除此之外，还辅以各类五彩缤纷的灯幅、灯牌和乐器伴奏，使整个“火龙灯舞”喜气洋洋。最后，主人设宴庆贺舞龙队，表演结束。“火龙灯舞”已成为川西平原上最具地域特色的历史人文表演之一。

烧火龙 “火龙灯舞”的高潮便是“烧火龙”。黄龙溪的“火龙”虽谓“烧”，但实际上是“初二起舞，至十五毕，临河烧龙，撒灰于水，并祈平安。十六日至，又复离家，随河行船，只待来年”。正月十五日晚上是高潮，舞灯人劲舞之后摆开待烧架势。一方是赤裸上身，以桐油或清油擦抹胸背，腰下仅穿一条紧扎裤脚的短裤的舞龙者；另一方是预备了大量焰花、鞭炮，随时准备袭击舞龙人的街镇居民和游客。观者持特制焰花喷烧裸身舞龙人。双方在龙舞与焰火中你来我往，你烧我挡，攻防进退，煞是壮观。放火的一方以烧的焰火越多，吉财越旺；舞龙的一方，袒胸露臂，为避寒冷，不惜飞快舞龙，希望讨来焰火喷向自己。舞龙者倘被焰火、鞭炮烧起血泡、疤痕，不但是勇敢的印记，也预示着来年大吉大利。待到持续十多天的“火龙灯舞”结束以后，艺人们要把火焰烧残的各种灯具和龙身放置在河边，举行“烧火龙”仪式。然后再把灰烬送入水中，整个仪式圆满结束。水兴而演火，这蕴含着“太极”哲意的民俗表演，体现了古蜀民众对“航运”的重视和对平安的祈望。

“烧火龙”也作为一种民俗表演被带往韩国、澳大利亚、美国等国家以及中国台湾地区进行文化交流，并受到当地民众追捧。“火龙灯舞”融龙、灯、舞、火焰于一体，

2007 年第一届中国成都国际非物质文化遗产节“烧火龙”表演

黄龙溪镇 提供

神奇美妙，壮观热闹，一片龙腾人欢的和谐盛世景象。

火龙传承

黄龙溪火龙队建于 1944 年，其间因故几近中断。1994 年，黄龙溪镇重建火龙队，以旧人带新人，让这一传统绝技得以保留。1995 年，黄龙溪火龙灯舞在四川成都民间艺术“三绝”展演中获最高的“绝艺奖”。后在北京电视台和中央电视台专题节目和电视剧目中展演，文化部领导曾诗赞黄龙溪火龙：“名曰黄龙，誉曰火龙。声扬剑外，远来高朋。”1996 年，黄龙溪古镇被文化部命名为“中国民间艺术之乡（火龙艺术）”。1999—2000 年，黄龙溪火龙队四次组队赴安徽、上海、海南、长春表演比赛，历时 210 天。其间，于 1999 年 10 月参加上海国际舞龙邀请赛，获表演奖和上海国际“三龙”赛表演大奖。荷兰、比利时、卢森堡、德国等四国旅行团专门邀请黄龙溪火龙队做专场表演。2000 年，黄龙溪火龙队参加全国第四届农民运动会开幕式，获舞龙规定动作铜牌；参加四川省“双迎双庆”活动、成都市“神州世纪游”庆典，获省二等奖和市表演奖；还参加了成都市第九届运动会和四川省第九届运动会开幕式。2001 年，成立黄龙溪南狮队。8 月 22 日，黄龙溪火龙队作为全国唯一的一支群众文化特色队伍，在北京第二十一届世界大学生运动会上，向来自 170 多个国家的运动员和 8 万多名观众展示了黄龙溪传统民间艺术的博大精深和神奇魅力，获“先进集体”和表演奖。2005 年，参加四川省旅游发展大会，获“金龙”称号。2006 年，在成都市龙王争霸活动中，获“成都龙王”称号。2007 年，参加第一届中国成都国际非物质文化遗产节，获文化部“文化遗产日奖”。2008 年，投资 9000 万元修建黄龙溪镇黄龙溪龙狮文化演艺中心和训练基地。在演艺中

火龙技艺传承（2008 年） 黄龙溪镇 提供

心投资 50 余万元建立了龙文化博物馆。2009 年 7 月筹备黄龙溪火龙表演向市场化管理过渡，由临时集中队员表演改为市场化运营，将原有队员招聘为俱乐部回定演职人员，成立成都双流黄龙溪火龙龙狮俱乐部，并于 2010 年 4 月在双流县民政局登记为民间社会团体。2010 年 9 月增加“铁水焰花”龙舞表演，长期在古镇景区免费向游客表演舞龙、舞狮。2011 年春节期间受邀到台湾演出 29 场次。2012 年参加中央电视台春节联欢晚会暖场表演和中央电视台农民工春节联欢晚会。春节期间赴澳大利亚悉尼参加“中国年”新春游行火龙表演。6 月 22 日，在一年一度的端午节到来之际，黄龙溪火龙队应邀参加首届四川省泸县・龙文化宣传活动周龙舞邀请赛，获银奖。2014 年 9 月 10 日至 16 日，赴韩国光州参加中韩文化交流活动。2015 年 12 月参加中央电视台中文国际频道《中华情・音乐版图・古镇雅韵》以黄龙溪为主的综艺晚会拍摄。

黄龙溪火龙龙狮表演队伍 俱乐部有来自镇域全职演职员工 37 人，全镇有俱乐部舞龙会员 385 人。此外，嘉禾村有一支女子舞龙队，队员为村内妇女文艺骨干，发展队员 62 人。东岳村成立了一支板凳龙队，有队员 28 人。

“龙”文化展示

国际龙狮文化艺术节 国际龙狮文化艺术节主要是对古镇“烧火龙”文化的展示与传承。1996 年开始举办，2010 年以后每年举办一届国际龙狮文化艺术节，至 2016 年共举办 16 届。按照古镇习俗，举办时间从正月初一开始到十五日。龙狮文化艺术节以“龙见赤水”大型灯饰为主题，以灯饰巨龙为主线，以大庙会为载体，分民俗区、小吃区、灯谜区、表演区、儿童游戏区五个区域。内容包括“千载古镇，狮跃龙腾舞新春”、“龙腾蜀汉，味在古镇”、牛儿灯、幺妹灯表演、莲箫表演、川剧座唱表演、彩龙互动表演、龙狮艺术大展演等。活动通过政府组织实施，地方表演队伍参与演出的形式。最值得期待的是“烧火龙”表演，在游客的欢呼声中，无数的火焰对着金龙喷烧，火龙在焰光火

2013 黄龙溪第十三届国际龙狮文化艺术节开幕（2013 年） 黄龙溪镇 提供

海的映衬下，在人群中游走，映射出一派人欢龙腾的热闹场面，为游客带来一个地道的中国年。

舞台剧《水龙吟》《水龙吟》为大型旅游情景舞台剧，融入水文化、龙文化、码头文化、酒文化、茶文化、享誉盛名的“烧火龙”和“南狮”文化及川西文化，向观众展示黄龙溪古镇风采。该剧利用全景式 LED 技术，通过舞台戏剧模式，运用歌舞、功夫、杂技以及川剧等表演形式，讲述了一名祖籍在黄龙溪的海外游子回乡寻根的故事，主人公来到千年历史的古镇，在顽皮的小茶倌引领下，巧遇黄龙溪女孩水灵儿，在充满奇遇的古镇游中，两人深深地相爱了，造就一段爱情佳话。

第十五届国际龙狮文化艺术节表演（2015 年）
黄龙溪镇 提供

《水龙吟》剧照（2015 年） 黄龙溪镇 提供

风土民情

代表着一定时期文化发展进程的黄龙溪民俗，瑰丽多姿，情调殊异。在黄龙溪，可以听一曲船工号子，赏一出码头川剧，买一顶花草帽，吃一碗一根面，古风民俗，韵味悠长。“观风俗、知得失”，民俗事象复杂纷呈，在历史长河中形成、发展，并不断演化，无不与黄龙溪的自然环境、社会风貌、生产水平、经济与文化状况息息相关。

HUANGLONGXI TOWN
黄龍溪

黄龙溪船工号子

黄龙溪船工号子，又称府河号子、锦江号子，是川江号子的支系，曾流传于锦江以及川西平原各江河流域。2009 年 7 月，黄龙溪船工号子被评为第二批四川省级非物质文化遗产。受邀参加第一至六届中国成都国际非物质文化遗产节及各类大型文化活动，2016 年受邀赴各类大型综合文化活动演出 5 次，广获好评。

演唱风格 锦江河岸地貌多变，纤夫拉船所走的纤道忽而左岸，忽而右岸，船只行至白马滩，上水船船工必须下水上岸拉纤，这时经常会唱起号子。船工拉船劳动强度大，且水上操作复杂多变，必须紧密协作，为此，船工有着复杂而明细的分工，前驾叫“撑头”，后驾叫“撑梢”，协助前驾的叫“贴二篙”，也叫“贴拖”，兼“烧火”。还

黄龙溪船工号子表演（2009 年） 黄龙溪镇 提供

有协助后驾的“帮舵”、在前面领路的“扯纤藤”、过滩后拣挽纤藤的“尾机”、专唱号子的“号工”、帮喊号子的“推三桡”等。黄龙溪船工号子是川江号子的支系，唱法和种类十分丰富。黄龙溪船工号子多采用川西民间曲调，主要特色是旋律舒展、平和、柔美，独具川西平原风格。

歌唱时，一领众和，领唱者也是劳动的指挥者。歌词中，领唱部分有具体内容，合唱部分则只是配合劳动节奏发出的呼喊衬词。领唱部分歌词除劳动号令、呼号以外，大多为反映船工生活、水文概况、沿江两岸的山川风貌和风土人情以及民间传说、故事等内容。形式多为七言四句，赋、比、兴手法运用娴熟、简洁明快，音韵流畅、朗朗上口，多数是历代传承下来的较为固定的歌词，也有根据水流情况、地理环境而即兴创作的。如黄龙溪流传的号子歌词：“上江口，下江流，黄龙溪转苏码头。中和二场路好走，拐子伙计加把油！嗨唷嗨唷，加把油。”“脚蹬石头手摸沙，找钱回去供爹妈……”多为谈天说地、即兴发挥。黄龙溪船工号子领唱部分曲调性较强，旋律婉转，装饰音较多，常用远距离音程，乐句长短不一，变化性和伸缩性较强。合唱部分节奏鲜明，音调相对比较简单，在与领唱相应配合时结构上富于变化，号工的“领唱”与船工的“合唱”交织重叠，常构成和

船工号子（2010 年）　　黄龙溪镇　提供

谐的二声部合唱。黄龙溪船工号子作为一种协调劳动动作、鼓舞士气、抒发感情的号子，生动地反映了船工们的劳动场面、精神世界和生活状况，以及他们团结协作的精神。

号子类型　黄龙溪船工号子唱腔唱词的长短是根据水势的缓急和闯滩拉船的需要而选择的，没有定式。主要分“下水号子”（又称“平水号子”）和“上水号子”。前者相对舒缓、婉转，听起来抒情味浓。后者主要用于逆水行舟，需要每个人“板起命来喊”，唱腔高昂、激越。随着船工们的情绪变化，既有山歌调，又有川剧高腔，也有根本无词的足以与风浪比高低的狂喊。

代表曲目

“府河号子”属川剧流派，每一首号子都有不同的曲调，结构相对完整，既可以独立歌唱，也可以联唱。由于号工要用号子来掌握航行的速度，统一船工的动作，所以无论是下水搬桡还是上水拉纤，在整个航行的过程中都不能停歇。号子主要包括推桡、搬桡、摇橹、拉纤等工种号子，其中又有平水、紧水、抛河、靠岸、离港、过滩等不同的劳动条件和不同劳动工序的节奏不同、风格各异的号子。

开船时，船工的领唱和船工们应对的“哦喝搓（音）”“嗨佐”等号子声起呈分明，充满活力。行船过程中，全体船工用力搬桡，领唱者常用高亢的歌声唱出较长的句子，船工们则以“嗨”“嗨佐”等号子声相呼应。当船行至浪急滩险的河道时，木船行驶非常危险，船工们情绪紧张激烈，劳动强度极大，号工唱起节奏急促、近乎嘶喊的“拼命号子”（或“抓抓号子”“外倒号子”），船工们随着号工的指挥，动作、声音统一，随着

唱船工号子（2013 年）　　黄龙溪镇　提供

急速的劳动节奏，吼着震撼人心的号子，闯过急流险滩。此时，号工常运用转调的领唱与船工们与之呼应的“嗨佐”号子，形成此起彼伏、波澜壮阔的多声部合唱，与之交相辉映的则是船工们极为壮观的劳动场面，感染力极强。当终于战胜了急流险滩，船行平水时，为活跃行船气氛，减轻疲劳，船工们则唱起节奏舒缓，旋律性强，富有抒情性，旋律优美动听的数板号子。

不同的水性，不同的滩，唱什么样的号子，在什么时候唱，平水时唱什么，紧水时唱什么，这全靠船老大掌握。黄龙溪流域船工常用的号子曲目有:《桡号子》《橹号子》《平水号子》《逆水号子》《拉纤号子》《数板》《幺二三号子》《斑鸠号子》《驳船号子》《交架号子》等，号子歌词主要有:“朵朵红”（平水号子）、“重台”（上水号子）、“正月里来是新春”（下水号子）和新编黄龙溪船工号子等。

朵朵红 “江南牡丹朵朵红，二郎灌洲擒孽龙。三人结拜情义重，四海龙王在水中。临潼伍子斗过勇，苏秦六国把相封。七岁安安把米送，八仙过海显神通。九走江湖人称重，十载寒窗苦用功。读书又怕打屁股，丢下书包跑江湖。说江湖来道江湖，哪州哪县我不谈；双流县所管黄龙溪，黄龙溪本是三县管；双流仁寿与彭山，黄龙溪本是水码头；上下船只要靠头，白日里千人拱手，到晚来万盏明灯；长诗一首随风散，要把这府河号子往下传。”

重台 “重台上两分手，恩爱夫妻不到头，妻比莲花夫比藕。快刀隔断连理俦，生的父也曾为太守，丹心一片保龙楼。八月十五卢起寿，文武百官把神酬，生的父席前多带酒。贼子上殿谎本奏，大骂卢起结冤仇，实可怜生的父午门命归幽。贼子二次谎本奏，斩草除根余种不留，多感喜童把信送。后花园逃出天下游，宦门公子讨过口，逃难的人儿天下游。”

正月里来是新春 “正月里来是新春，朱洪武打马下南京，前打先锋胡大海，后打彩旗常玉春；二月里来龙抬头，王宝钏梳妆上彩楼，王孙公子她不中，绣球端打平贵头；三月里来桃花红，手提银枪赵子龙，长坂坡前保阿斗，万马军中称英雄；四月里来麦吊黄，三娘受苦在磨房，白天担水三百担，夜上挨磨到天光，一时不听磨儿响，磨房生下咬脐郎；五月里来是端阳，菖蒲美酒兑雄黄，龙船下河千波浪，纪念屈原美名扬；六月里来热难当，李逵下山访宋江，头把交椅晁盖撑，会耍双刀孙二娘；七月里来七月七，牛郎织女汇假期，喜鹊搭桥把线牵，一对情人乐开怀；八月里来收割忙，农夫辛苦打谷场，二仓谷子风干净，赢得丰收喜洋洋；九月里来菊花黄，农夫在把小春忙，选好种子把肥下，今年收成胜当年；十月里来寒霜降，宋太祖千里送京娘，可怜京娘痴情意，一片心事赴汪洋；冬月里来雪茫茫，孟江女寒衣送情郎，哭断长城千万里，寻找夫君万喜良；腊月里来要过年，一家老小盼团圆，纤夫领钱回家转，阖家欢乐笑开颜。”

正月十五汤圆圆 “正月十五汤圆圆，人家团圆我拉船。二月二来龙抬头，光胴胴光脚丫河边走。麦苗抽穗菜花黄，春暖花开蜜蜂忙。养家糊口来划船，挣到银子把家还。五月端阳划龙舟，齐心加油往前冲。男女老少河边耍，盼望中秋好丰收。”

传承 在古老的木船航运过程中产生的黄龙溪船工号子，是锦江原始行船方式和船工辛勤劳作的写照，更是锦江、黄龙溪水运历史久远的见证。黄龙溪船工号子承自清末。2013 年有省级传承人 1 人，市级传承人 2 人。其中，郝仁福，黄龙溪镇大河村 2 组村民，生于 1937 年，2009 年 7 月被评为省级传承人，也是市级传承人。王绍清为市级传承人。另有市级传承人贾兴安已于 2012 年因病去世。2013 年 10 月，黄龙溪古镇启动国家级非物质文化遗产代表性项目申报工作，组建了以郝仁福、王绍清为代表的“黄龙溪船工号子”主要传承人（群体），共有成员 9 人。

至 2016 年，“黄龙溪船工号子”非物质文化遗产保护配套资金已纳入地方财政预算，建立“黄龙溪船工号子”非遗保护长效激励机制，设立奖励基金。区（县）文化行政主管部门、镇文化站签订工作目标责任书，将非物质文化遗产保护工作纳入目标考核，并形成区（县）、乡（镇）和村（社区）非物质文化遗产保护网络。结合大力发展旅游产业，支持恢复了部分船工民俗会。排演大型音舞诗画节目《水龙吟》，立

传唱号子（2013 年） 黄龙溪镇 提供

体呈现了黄龙溪船工文化、水文化、码头文化等极具代表性的主题文化，并将此场地作为非遗项目船工号子的传承基地，定时举行非遗展演和培训。在黄龙溪镇综合文化站建立非物质文化遗产展示厅，宣传、展现“黄龙溪船工号子”的历史传承。“黄龙溪船工号子”传承人郝仁福，招收了十余名弟子，在黄龙溪镇综合文化站开展黄龙溪船工号子培训工作。每年培训 4 ~ 6 期，每期 1 周。

民间文艺

黄龙溪川剧

川剧始于明代，在黄龙溪古镇有近百年的积淀，黄龙溪川剧是川剧中独具魅力的一个门派。川剧艺术的五种声腔和四大流派，在黄龙溪古镇都得到吸纳、传承、发展与创新。川剧的兴盛源自码头繁荣，川剧界有“跑码头”“跑滩”之说。码头文化与川剧艺术，历史上有相互依存的关系。黄龙溪码头是水路要地，会馆为戏班的演出提供了观众基础和演出场所，码头成为戏班落脚的最佳选择。晚上，商旅船工、码头工人纷纷上岸，看戏、听曲成为时兴的娱乐消遣方式。有时，会馆也聘请他们家乡的戏班、艺人或由“移民”演出“家乡曲艺”，各地方曲艺也因此被带到黄龙溪，与川剧、黄龙溪船工号子、“金钱板”等民间曲艺相融合，形成独具黄龙溪韵味的黄龙溪川剧。

川剧的四大流派，指的是川剧的“上下南北”四条河道。上，是上坝，就是以成都为中心的川西坝；下，是下川东，指重庆以下的川江沿岸；南，资阳河，指川南的沱江和岷江流域；北，川北河，指嘉陵江、涪江、渠江三江流域。同一流域因资源、水源、土地、气候等因素，形成各自的经济、人文、风俗、习惯、方言的特点，也就影响着各个河道的表演风格，形成川剧流派争妍、异彩纷呈的局面。不同的川剧流派，在上演剧目、擅长声腔、曲牌使用、锣鼓伴奏、演员表演上，都有不同的特点。但在后来，这些流派特点都不是很显著了。因为艺人们到处搭班，不得不适应不同流派的特点；演员为

锦绣梨园（2017 年） 李思健 摄

了学艺，多方“拜门”“参师”，以集众家所长。特别是中华人民共和国成立以后，剧团里各个流派的艺术家济济一堂，只得互相适应。川剧学校的学生来自全四川，更不能专为某河道培养人才，于是川剧多流派的特点不能长久保留下来，以致“有流无派”。新的川剧流派，不再以地域河道划分，而是以表演艺术家名字为标志。

表演风格 川剧打击乐烘托环境、气氛的能力很强。通过打击乐，把唱、念、做、打有机地融于一体，控制舞台节奏。既能打出千军万马、风暴雷霆、汹涌波涛，又可表现流水、风声、雨声以及人物内心世界。同一个剧目在不同的流派，其表演方式、发声、吐字、行腔、锣鼓点子、韵味、音色都各具特色。

演出团体 川剧艺术在黄龙溪有着深厚的群众基础。在清代，黄龙溪就已组织川剧座唱会，时称“同乐玩友剧社”。清宣统三年（1911），眉州（今眉山市）一个川剧团垮台后撤到黄龙溪，剧团名角在古镇教人唱戏。不久，在古镇上成立一个小型民间川剧团——“黄龙溪川剧座唱玩友会”，成员有旦角杨子江、林真如、黄公藩，小生陈树凡，大面（净角）罗俊清，闺门旦米银斋（男），须生刘绍富，鼓师有陈弼臣、刘文弼、慕容伯，胡琴、盖板胡王兰斋，弟子郭升、代经清等人。50 年代初，成立民间演唱团

黄龙溪川剧爱好者习唱川剧（2014 年） 黄龙溪镇 提供

体——“同乐音乐改进社”，拟定哨期（演唱时间），购置新场面（锣鼓），在成都科甲巷购一面川剧舞台所用的绣有龙凤呈祥的缎面耳罩。每逢哨期晚上，在袁吉武的茶铺里摆起围鼓，高朋满座。街沿上也围了几层听众，演出直到起更方才结束，如果哨期中有外来客串，听众更加踊跃。同乐音乐改进社在“文化大革命”中解散。80 年代，振兴川剧，黄龙溪自发成立玩友会。

2011 年，双流县文旅局和双流县川剧团在黄龙溪镇成立玩友培训班，邀请专家为川剧玩友们进行专业培训。68 名来自双流县各镇（街道）的川剧玩友参加集中培训。是年，黄龙溪川剧玩友会表演的川剧《水乡古镇黄龙溪》《祖国未来靠大家》获黄龙溪川戏比赛表演奖。2015 年 3 月，黄龙溪黄龙社区川剧座唱会原班人马成立了双流区川剧协会黄龙溪黄龙社区川剧艺术团，会员每人每年缴纳会费 30 元。2016 年 7 月 13 日，黄龙溪黄龙社区川剧艺术团成为四川省文化院团联谊成员，也是该院团联谊成员中唯一的业余川剧艺术团，有会员 52 人，吹拉打唱角色齐全，每年惠民演出川剧、歌舞、小品、曲艺约 40 场次。

演出场地 清代，黄龙溪因战乱遭到巨大破坏，后随着“湖广填四川”，不少外省移民入川到达黄龙溪，古镇又逐渐兴盛起来。各地移民先后在黄龙溪建有同乡会馆，如福建籍移民会馆天后宫、广东籍移民会馆南华宫、湖广籍移民会馆禹王宫、江西籍移民会馆万寿宫，会馆内大都建有戏楼。当地会首、商家出资请戏班前来演出，一般不买戏票，所有客商、船工、码头工人及当地居民都可前往观看。古镇原有古戏台 3 座，现尚存万年台 1 座。万年台位于古龙寺内，是四川省内现存较好的一座全木结构戏台。琉璃筒瓦，脊压宝顶，配二龙戏珠；楼顶饰以“藻井”，后壁绘“福禄寿”三星，左右二门

参加温江地区川剧座唱冠军赛（2012 年） 黄龙溪镇 提供

楣书“出将”“入相”字样；戏台内外随处可见木雕戏曲人物故事，精微绝妙。戏台两侧有副古对联：戏乃虚万籁由虚得实，台尤古千年借古喻今。

2005 年，黄龙溪古镇景区将文化茶园改建为一个经常性的演唱场所，取名为“黄龙梨园”。“黄龙梨园”是古镇民间川剧艺人和玩友们演唱川剧的园地，也是普及川剧常识的基地。在黄龙溪表演过的川剧名角有王成康、黄佩莲、翠环、丁绍武、龙江城、秦继山、陈淡然等十余人，演出节目包括传统川剧作品和现代川剧以及黄龙溪“金钱板”等地方剧目，深受群众喜爱。2016 年 5 月，由成都市双流区文旅广新局、黄龙溪镇人民政府、黄龙溪景区管理局等主办的 2016 年“畅游成都，体验非遗”展演活动之川剧系列在黄龙大剧院演出，演出节目包括传统川剧作品和现代川剧以及中西合璧的小提琴与川剧吹打的合奏表演等，受到当地百姓的热烈欢迎。

牛儿灯 黄龙溪春节期间拜年时表演的民间灯舞。其造型是用一个撮箕做牛头构架，在撮箕底部凿两个洞为牛的眼眶，两个洞中用铁丝各穿一个圆球做眼珠，使其能上下移动。用草扎成两个牛角，以厚纸制成两个牛耳，然后用颜料涂抹牛头构架，并勾画出牛鼻、牛嘴。在牛头下部系个铃铛，两角之间系朵大红绸花。牛身用黑布缝成，长 3 米，宽 2 米。前接牛头，后缀缝上一条真的牛尾。

表演时，一人耍牛头，一人耍牛尾，一人扮演放牛娃。在锣、鼓、钹、马唧子、笛子、二胡等乐器演奏的《乱弹琴》《和牌眼》等乐曲声中，先表演拜年和戏牛动作，这时放牛娃边走边唱，词是即兴编的贺喜话，曲调用山歌调或花鼓调。接着就表演破阵，阵式有竹林寻针、团鱼抱蛋、金鸡独立、霸王拿鞭、老牛吃水等。

幺妹灯 又名采莲船，是黄龙溪春节拜年表演的民间灯舞。演出人物有幺妹、新

郎（造型为小丑）、小舅子各一人，轿夫两人，送亲丫鬟两人，莲箫队若干人，另有乐队和执灯若干人。轿子用竹木扎成，长 1.3 米、宽 0.8 米、高 1.6 米，无底，四周饰以雕窗彩绸。

灯队行进的时候，圆灯、排灯一行，乐队随之，接着是新郎，新郎后面是轿夫抬的花轿，幺妹站在轿中随轿步行，轿子后面是小舅子，最后是莲箫队。表演时，新郎先唱贺词，向观众拜年。然后，丫鬟掀开轿帘，幺妹亮相给观众拜年、致谢，在新郎的引导下，边唱边舞。幺妹可应主人的邀请，猜谜或同主人对歌。幺妹灯的音乐伴奏热烈、欢快、喜庆。乐器有锣、鼓、钹、马啷子、唢呐，曲牌用《秧歌锣鼓》《新郎祝贺曲》等。

幺妹唱的多为当地情歌，声音清脆，词曲亮丽，情真意切，婉转动人。如《哥哥送妹到小河》：

哥哥送妹到小河，顺水冲来一队鹅。鹅公前头扇翅膀，鹅婆后面叫哥哥。
哥哥送妹到磨房，将就磨儿做文章。四根麻绳高吊起，上扇不忙下扇忙。
哥哥送妹到墙头，墙内一树好石榴。有心摘来哥哥吃，哥哥吃了不要丢。
哥哥送妹到柳林，柳林之中树缠藤。世间只有藤缠树，哪有树子来缠藤。
哥哥送妹到桥边，手把花树泪涟涟。花开花落年年有，人老何能转少年。

其他歌谣如《李子开花桃树红》：

李子开花桃树红，桃李树上挂灯笼。
风吹灯笼团团转，火烧灯笼满天红。

又如《什么花儿黄》：

什么花儿黄？油菜花儿黄。
什么花儿香？桂花儿喷喷香。
什么花儿一串串？槐树花儿一串串。
什么花儿响铃铛？金钟花儿响铃铛。

南狮表演 2000 年，黄龙溪成立南狮队，表演节目有狮舞小金山、狮舞梅花桩等，以“高、绝、险”著称，造型精美，动作惊险。南狮队的狮舞表演分舞台（或广场）、高台和破阵三种类型。舞台表演有亮台、扑台口、栽跟斗、打滚、吐宝、跳平台等节目。高台表演指“翻五台”，即将五张方桌重叠，顶上一张四脚朝上，小和尚、狮子、猴子由下而上，从方桌下钻过，翻上顶桌，表演顶立、乌龙爬沙、狮子拜四方等节目，

春节期间，黄龙溪迎来旅游热潮（2013 年） 双流区委史志办公室 提供

然后依顺序钻方桌下来。破阵表演的阵式有洞中取蛋、和尚念经、海底捞针、团鱼抱蛋、爬竿取物、宰筷子等。

南狮队曾参加过第四届、第五届全国体育大会比赛和第五届、第六届全国农民运动会赛事。2006 年，南狮队代表四川省参加了山东省菏泽市狮王争霸赛，获第七名；赴江苏省张家港市参加了舞狮组决赛，获全国第四名；2008 年，南狮队参加了在福建省泉州市举办的第六届全国农民运动会，取得一银一铜等四奖杯的成绩。

2009 年，黄龙溪将“烧火龙”及“南狮表演”打造成为黄龙溪古镇民俗、旅游的一张特色名片，成立“黄龙溪火龙龙狮俱乐部”，全面负责黄龙溪火龙队及南狮队的训练、表演工作。2010 年，台湾再次与黄龙溪火龙龙狮俱乐部联系，并邀请其赴台湾进行表演。2011 年国庆节期间，在黄龙溪民俗演艺中心，举行盛大的龙狮文化会演。

金钱板 金钱板由三块长形竹板组成，意为“天、地、人”的象征，故又名“三才板”，因其道具简便，曾长期流行，中华人民共和国成立前多为民间艺人在茶馆、街头演出。中华人民共和国成立后，金钱板唱词除传统唱段外，多为配合宣传工作新编的段子，并由群众、业余演员搬上舞台。黄龙溪金钱板，其特点为打板的手势美而不俗，节奏有刚有柔，并与唱词紧密配合；唱腔严守曲牌音韵，不乱要“花腔”；表演上也要求严肃认真。常用的曲牌有《富贵花》《江头贵》《红鸾袄》《大红鸾袄》等。

莲箫 莲箫通常是用一根长约 1 米的竹竿，两头雕 4 ~ 6 眼长形孔，每孔中穿挂 2 ~ 3 枚小铜钱，两端系上红绸。舞者手持莲箫，一边歌唱，一边用莲箫敲击自己的肩、

臂、腿、臀和地面，发出节奏欢快的声响，俗称“打莲箫”。黄龙溪的莲箫是明末清初由逃难者从外地带入的。当时，难民把乞讨来的铜钱挂在竹棍上，行动时哗啦有声，以引起人们围观。后来难民将竹竿两端雕空，嵌入铜钱，并以各种姿势敲击舞耍，哗啦之声更富有节奏感。中华人民共和国成立前，黄龙溪多有乞丐打莲箫。一般是单人散打，边打边唱，唱词有的是戏文，也有的根据需要现编现唱。中华人民共和国成立后，黄龙溪曾组建莲箫队，打莲箫的队形也由简单的队列发展到变化多样的舞蹈队形，歌唱的内容也配上了宣传当时方针政策和当地好人好事的新词。1954 年后，打莲箫趋于衰退。1960 年后全面停止。1981 年重又恢复。动作和队形吸收了其他曲艺和集体舞元素，除街头进行表演外，还专门编排了适合广场和舞台的表演。集体打莲箫的舞蹈队形有平行交叉、八字、螺旋、圆形、双环、半圆形等。莲箫的音乐伴奏有唢呐、笛子、二胡等乐器；音乐曲牌有《莲箫词谱》。多为配合幺妹灯队组合表演。

评书 中华人民共和国成立前，黄龙溪码头、会馆、茶铺常有评书艺人活动，听众可一边喝茶，一边听讲故事，又可以随意给听书费，很受欢迎。评书艺人将所讲的故事（书）分为若干章回，每次讲一回。中途讲到故事紧张之处突然停止，开始收钱，俗称“扎板收钱”。每一回结束时都要留下悬念，以吸引观众下次再来。民国时期，曾在黄龙溪登台讲书的主要评书艺人有杨开元（又名杨老七）、高怀志、陈尚义等。中华人民共和国成立初期，评书演出时，适当加入了一些宣传政策和中心工作的新内容，评书活动非常广泛，听众也很多。60 年代主要讲革命英雄故事，1976 年后少数艺人重拾旧业。

民间工艺

黄龙溪民间工艺有花草帽、竹编等。

花草帽 花草帽也叫花环，是伴随黄龙溪旅游业的发展，而形成的一个新兴产业。

以各种鲜花搭配，巧妙编制而成，成为黄龙溪旅游特色之一，深受女青年及孩子们喜爱。2013 年，东岳村针对 100 多万顶花草帽市场，着力打造花草帽规模种植基地，年产花草帽 14 万顶，产值达 160 万元。东岳村已形成“老爷爷忙种地，老婆婆忙编扎，妇女娃娃忙掐花，专合组织忙批发”的景象。

戴花帽的小女孩（2012 年） 黄龙溪镇 提供

竹编

黄龙溪气候温和、雨量充沛，适宜竹子生长，且品种众多，主要有慈竹、斑竹、水竹、楠竹、硬头黄竹等，尤以慈竹易栽易活。无论房前屋后，还是田间地头，都长满郁郁葱葱的竹子。黄龙溪慈竹因地理环境和气候，质地柔软、光滑、有韧性，可以编制成多种器皿出售。竹编工艺也就成了黄龙溪农村的重要副业。1956 年，黄龙溪镇篾工组成竹篾编织社，批量编制晒垫、凉席、担席、箩筐、甑子等，由供销社包销，大部分销往外地。“文化大革命”期间，竹编手工艺被视为资本主义“尾巴”，全部取缔。80 年代以后，竹编工艺重新兴起。许多农家利用空闲编制竹椅、筲箕、刷把、竹筛、笆篓以及小型儿童玩具等。特别是旅游业兴起后，场镇自发形成竹器市场，竹器编织名目繁多，种类齐全，以瓷胎竹编、细篾纹丝烘笼和动物玩具为主，深受游客喜爱。

2012 年 5 月 24 日至 27 日，国家旅游局在浙江省义乌市举办“2012 中国国际旅游商品博览会”暨“2012 中国旅游商品大赛”，黄龙溪古镇选送“黄龙溪瓷胎竹编酒具”和“古镇茶韵办公记事板”两件旅游商品参赛，在 300 余件特色旅游商品中脱颖而出，获“2012 中国旅游商品大赛”四川赛区旅游商品金奖，成为成都市郊区县唯一荣获金奖的旅游商品。

瓷胎竹编 又称“竹丝扣瓷”，是竹编工艺品中的一种独具特色的品种，以瓷器器皿为胎，用纤细如发的竹丝、柔软如绸的竹篾依胎编织而成。这种独特的地方手工艺品，起源于清代中叶，当时主要用作贡品。后因世道艰辛，技艺几近失传，50 年代重新发掘、恢复生产。具有“精选料、特细丝、紧贴胎、密藏头、五彩图”的技艺特色。瓷胎竹编用的竹丝选料非常严格，制作技术要求极高。制成的经篾薄如绸，纬丝细如毛发，且粗细均匀。编织时从起底、翻底、翻顶到锁口的全部工序，都要求不出现竹丝接头、绞丝、叠丝等技术差错，始终保持经篾纬丝比例匀称，给人以一气呵成之感。在图案设计方面，从俗称“城墙垛垛”的简单花边发展到复杂多变的几何图案、提花图案、隐花图案和山水花鸟等自然图案。在编织技艺上，除了保持传统的细密编之外，竹编艺人经过反复琢磨，又创造了特细编、疏编、疏密结合编，以及圆心起花、弧形锁花、条花、格花、链花、浪花、别花、穿花、贴花、漏花等十多种新工艺。瓷胎竹编工艺品，除了传统的花瓶、咖啡具、茶具、饭碗等产品外，还有首饰盒、文具、笔筒、竹压盘等。

瓷胎竹编（2012 年）　　黄龙溪镇　提供

竹编工艺品（一）（2017 年）　　李思健　摄

竹编工艺品（二）（2017 年）　　黄龙溪镇　提供

细篾纹丝烘笼　古镇居民冬季取暖物品。其材料为“一年青”慈竹，取竹子中筒，去掉黄篾，只用第二、三层青篾，划成篾丝，用匀刀反复修刮至光滑锃亮，然后编制成笼筐。晾晒熏制到不变形、不伤手为止。最后装上橙红色陶器瓦钵。细篾纹丝烘笼大小不一，形状各异，直径 12 ~ 25 厘米，有柱形、圆形、鼎形、葫芦形等。使用时，将木炭装入烘笼，上覆盖少量草木灰，作为供暖器具。可提在手中，也可放入被窝取暖。以其用料上乘，做工精细，纹饰美观，深受群众和游客的喜爱，是孝敬老人的佳品。

竹编工艺商店（2017 年）　　黄龙溪镇　提供

动物玩具　一般采用竹、棕叶和铁丝编制而成。竹、铁丝为骨架，棕叶为肉，制成不同造型。竹和棕叶经过熏制或漆色，再编制成龙、虎、狗、蛇、蛙、蚂蚱、恐龙等，因小巧玲珑，形态逼真为小孩所喜爱。

岁时习俗

吃腊八饭　农历腊月初八，镇民以肉食、蔬果等杂拌煮粥而食，供佛斋僧，称为腊八粥，又名七宝粥。

祷牙　又作倒牙，从农历腊月十六日起，商家闭门盘存，全体员工聚餐（俗称吃团年饭），结算工钱回家过年。

祭灶　农历腊月二十三日、二十四日，旧俗谓灶神这日升天，除夕始归，镇民一般都要备办果品、茶酒、白麻糖等，于是日晚上敬灶神。传说灶神吃了白麻糖黏住了口，不在玉皇大帝那里说人间的坏话。

偷青　农历腊月三十日，黄龙溪有偷青（象征性地偷取少量的青菜）的传统。腊月三十日晚上小孩去别人地里偷青，并不会被责骂，因为这意味着菜被偷的多的人家，或是偷回来得多的人家，来年就会发得越多，日子就会过得更加富裕。

除夕 农历腊月三十日（小月为二十九日），贴春联，贴门神，合家团聚敬祖宗，吃年饭，晚辈给长辈拜年，长辈散压岁钱。全家人聚在一起话家常，谓之守岁。80年代后，除夕之夜，镇民大多合家聚集在电视机前，收看中央电视台播放的春节晚会。在新年旧岁交替之时，古镇农村鞭炮齐鸣。

拜年 从正月初一到十五日，民间有拜年的习俗。一般是晚辈带上肉类、糕点、糖果等礼品到长辈家拜年。也有亲友互访，共叙友情。在黄龙溪古镇，还有牛儿灯、幺妹灯、莲箫队等为商家拜年。

点雁鹅灯 点雁鹅灯是黄龙溪镇大河村3组自解放前就举办的一项祈福活动。每年农历正月初九，在宽阔的地面，放一根大的沙树，先将竹竿绑成“八”字形并与沙树绑在一起，再用绳子把用土碗装的108盏清油灯绑起来，点亮后，集众人之力拉到最高处，此项活动是为了祈求平安。

祈子节 旧时农历三月初三，居民组织祭奠活动，会自发地到寺庙烧香拜佛，主要拜送子娘娘和送子观音。在家祭奠的人在房门后面杀一只公鸡，用香、蜡等进行祭奠。

放生节 农历四月初八为“放生节”，也称作“放生会”，是保护水生动物的古老习俗。“放生节”时，黄龙溪镇上居民或香客都要把各种鱼类放生江河中。自鹿溪河、锦江汇合处沿鹿溪河上有约500米设有“放生沱”。由于投放的鱼类陡然大增，河面常出现青鳝、泥鳅和其他鱼类腾水戏耍，有如水族聚会，煞是壮观。

清明节 清明节那天，黄龙溪有祭扫祖坟的习俗，称为“上坟”。一些家族成立有“清明会”，于此日集会祭祖，并举办宴席，俗称“吃清明会”。解放后，黄龙溪镇政府、学校等机关团体于此日祭扫烈士墓，缅怀先烈。80年代起，提倡火葬，并葬于公墓。黄龙溪建有莲花、黄龙两处公墓。清明节前几日至当日，前往公墓祭祖的市民络绎不绝。清明节期间，在镇江寺外王爷坎和水码头举行“放河灯”活动，也称“放荷灯”，是一种民间祭祀活动，用以表达对逝去亲人的悼念，对活着的人们的祝福。河灯由传统工艺制成，上置菜油灯，顺江漂流。

端午节 每年端午节，是黄龙溪民间的盛大节日。为了驱邪避秽，家家户户都用新鲜的中草药熬水洗澡；饮雄黄酒，房前屋后洒雄黄酒，用雄黄酒给小孩子擦花脸；吃盐蛋、粽子。同时，组织赛龙舟活动以纪念爱国诗人屈原，锻炼身体。新婚或未婚夫妇于此日到岳父家拜节，回时馈以雨伞。1999年端午节，古镇在锦江举行赛龙舟、抢鸭子活

端午龙舟会——水上火龙队（1999 年） 黄龙溪镇 提供

动。有一首《元渡曲》记述了当年赛龙舟的盛况："鼓声三下红旗开，两龙跃出浮水来。棹影斡波飞万剑，鼓声劈浪鸣千雷。鼓声渐急标将近，两龙望标目如瞬。坡上人呼霹雳惊，竿头彩挂虹霓晕。前船抢水已得标，后船失势空挥桡。"

乞巧节 农历七月初七，年轻女子们穿新衣，备素果、香烛，拜双星（牵牛星和织牛星），并穿针乞巧，同时根据自己不同的处境和心愿，向织女祈祷、祈福、祈子等。相传，七月初七黎明时，七姑星正好在天空正中位置，大人、小孩儿在天井或家门口设供桌，前面是香炉烛台，次则七盏茶七杯酒，再次是"三牲"（鸡、鱼、猪肉）、糕饼、水果，祭拜七姑星。还有七月初七到夫人庙为孩童"上茶"的习俗，故此日多携带孩童到夫人庙祭拜。当地老百姓有的在这一天将新米做好，头一碗米饭先祭拜上天，感谢上天恩赐，祈求来年五谷丰登。

中元节 农历七月十五日，是祭祖之日，由来甚久。镇民一般在七月十二日举行。此俗始自清初，谓川人大都是"湖广填四川"而来，远祖庐墓在湖广或他省，故先二三日迎之。这一天，要备酒食列于堂中祭祀祖先，然后将上书"某某列祖列宗收"封好的纸钱，码垛火化。晚上，在道旁河边焚化香烛纸钱，谓之"赏孤"。解放后，此俗废止。

中秋节 中秋节以月饼馈送亲友的习俗始于元朝末年。相传，元末的统治者怕人民造反，将老百姓家中的金属器具一律收缴，只准十家人合用一把菜刀，引起人民的不满和反抗。约定八月十五日为起义时间，把起义通知藏在大饼之内，互相传递，因而形成中秋节互赠月饼的习俗。

农历八月十五日，恰处一年秋季的正中，故称中秋。是夜，月亮圆而亮，很容易让人想起"家人团圆"，圆月也就成了家人团圆的象征。中秋节的象征食物月饼，也有象

征全家团圆之意。

旧时，在成都地区有在中秋节打粑、杀鸭子等习俗，黄龙溪还有点橘灯之俗。将橘子挖空，点上蜡烛，悬于门口，以示庆祝。也有儿童在柚子上插满香，沿街舞动，以示喜庆祥和。中秋节之夜还有一大特色赏月活动叫“走月”。皎洁的月光下，人们衣着华美，三五结伴，或游街市，或泛舟河上，或登楼赏月，谈笑风生。

重阳节 农历九月初九是两个阳数相重，故曰“重阳”。此日亦称老年节。80年代起，镇政府、村（社区）及老年协会常在“重阳”之日组织老年人游园赏菊、吃“坝坝宴”等活动，表达孝老敬老之意。

人生习俗

礼俗 黄龙溪人讲究礼节。旧时，见面时同辈人行作揖礼，晚辈见长者行跪拜礼；行路长辈于前，晚辈随后。席间，长者坐供神像一方（即上位），次之相对，再次分坐两边，妇女不上席。宴会间，主人依次斟酒，并举杯曰：请酒。众人举杯同饮，主人举筷子请菜后，众人方可动筷拈肴；下席放好碗筷，说声“慢请”后离席。学生见师长要敬礼，私塾兴跪拜，国民学校行鞠躬礼，分手时，双手握起作揖。中华人民共和国成立后，沿用民国时期长幼有序，文明礼貌之举，适当从简。朋友相见，互问“你早”或“你好”，偶遇久不见面的熟人握手致礼；分别时，主人送出庭院，说声“慢走”，客人道声“再见”，礼尚往来，迎送适当。晚辈及学生见师长须微微点头弓腰，并呼“早”“好”。席间除座次不甚讲究，男、女皆可入席外，余者与民国时期大致相同。

婚俗 民国时期，男女婚嫁媒妁之言，父母包办。男女成年后，媒人牵线，合八字，八字不合告吹，相合者男家向女家馈赠礼物，女方如同意则收受，还赠礼品，以示订婚，两家结为亲家。结婚前半年，男家向女家送结婚日期，赠送彩礼，女方认可并定好结婚日期，备办好床橱、被罩、衣物等。良辰吉日，男方花轿至，新娘上轿，吹吹打打，兄弟送亲，达男家，新娘下轿，拜天地、拜祖先、拜父母、夫妻对拜。礼毕，送入洞房，夫妻饮交杯酒。是夜，男家要宴请亲朋好友，镇民称之为“喜酒”。宴席间，新郎、新娘逐席敬酒，同辈宾客可提出种种非难条件及问话，戏逗新婚夫妻，觥筹交错，行令猜拳，尽兴方散。夜阑，闹洞房，不分长幼，越热闹越好。

生育习俗 年轻夫妇头个子女出世，男家去女家报喜，外祖父母将外孙子或外孙女的衣物、穿戴及鸡、蛋、糖果、油送至男家。长辈见到满月小孩后，一般要给钱，以示祝愿和喜爱，俗称“瞌睡钱”。此俗尚存。

寿庆 民国时期，老人年满60岁，上无父母，时兴做寿。富家子孙为老人置办寿衣、喜食物品，并宴请亲朋好友。寿日，亲属向老人跪拜，祝愿老人长寿。放爆竹，设宴席，招待宾客，以示吉庆。贫穷家寿庆从简，仅是一家直系亲属在一起共庆一番。

丧俗 民国时期，富人丧葬礼仪隆重。父母去世，礼仪尤其重视，否则被众人声讨，呼为不肖子孙。家有年过60岁老人，子孙就及早备置棺木，名曰寿方。老人逝世，家人跪拜遗体前哭泣，给死者沐浴梳洗、穿戴装棺，停放上堂屋，家人向亲友叩头报丧，亲友携香烛纸钱、挽联孝幛前去追悼死者。封棺，做道场。道场有3日或15日不等，择日出殡。孝子披麻戴孝，白布缠头拖至脚跟，端灵于胸前，8人抬棺，棺后系白布，亲朋拉布随后，一路吹吹打打，扬旗伞幡幛至墓地，道士念词，垒地立碑。官绅入葬，沿途设祭，以显悲痛。以后每隔7日烧香蜡纸钱，直至7个七日完，满百日、周年举办仪式，穷家小户丧葬礼仪从简，一具棺材，道士开路，草草掩埋。80年代后，提倡火葬，遗体火化，骨灰入盒，举行追悼仪式，将骨灰盒葬于山中。

生活习俗

黄龙溪夜市 三四十年代，黄龙溪曾经兴起赶夜场。当时，成都至乐山的水路运输十分发达。黄龙溪是著名的水码头，晚上在黄龙溪夜宿停靠的大小商船上百艘，再加上古镇寺庙众多，香火旺盛。一到傍晚，船帮劳工（船拐子）、商贩老板、小摊小贩、绅士商贾会聚古镇。成都商船运下来的洋袜、毛巾、丝巾等商品十分畅销；乐山商船运上来的洋火（火柴）、肥皂、草席等，也卖得很火。茶馆、酒馆以及各种小吃摊点，生意十分火爆。

打更　“摇，摇，摇，过大桥，打更伯伯真辛劳。不贪财帛为大家，春夏秋冬功德高。”这是黄龙溪流传的一首称赞更夫的儿歌。“三县同更天，锣鸣惊三县。”解放前，更夫靠焚香计时，用铜锣打更。打更（按时辰鸣锣报时）的路线一般是从仁寿县境地起锣，经华阳县、彭山县境地，再到“万家灯火”的锦江泊船码头收锣，绕古镇一圈，三个县的地界都要经过。一更鸣锣一声，二更鸣锣二声，三更鸣锣三声，四更鸣锣四声，五更鸣锣五声。读书人一般到“半夜二更半”才熄灯就寝，商贩挑夫则“半夜三更”就出门上路。打二更时，更夫要喊：“各家各户关好门！客归店，僧归寺，熄灯休息了！”冬天打三更时，不断地喊：“无论老人小孩，把被窝里的烘笼提下床，小心失火呀！”四更正是人们熟睡之际，更夫打更时不忘提醒注意贼娃子。打五更时，接近天亮了，更夫喊话说：“出门早看天！带好雨伞，注意冷暖哦！”在黄龙溪古镇，仍保留着在亥时（晚9点，一更）、子时（晚11点，二更）、丑时（凌晨1点，三更）、寅时（凌晨3点，四更）、卯时（凌晨5点，五更），每个时辰打一更的打更的习俗。更夫一般从二更起关闭栅门，五更时候再开栅门。

锣响古镇（2018年）　　黄龙溪镇　提供

春台会 由江西移民会馆万寿宫置办经营。采用民间传统的打会形式借贷，也叫“请会”，多在亲朋好友之间运作，以互助互利。打会者先邀约会友，议定会金，写上会簿。请会人为“会首”，得首会者备办“酒席”，招待会友。其余为“会脚”，按期抽签、掷骰或抓阄，名列前者接会，仍办“会酒”招待。如此轮会至轮完为止。如遇物价浮动，货币贬值，打会多以棉纱、大米为标的，收物还物。

茶俗

3000多年前，巴蜀地区就已经用茶作为贡品。《华阳国志·蜀志》载：“南安、武阳皆出名茶。”黄龙溪茶的历史，可以追溯至西汉。西汉神爵三年（前59），王褒著的《僮约》提到“武阳买茶”“烹茶尽具”“往来聚市”“茶贾塞道”，简明晓畅地记述了秦汉时期成都地区人们烹茶、清洗茶具、买卖茶叶等情景。秦汉时期的武阳，经考证即为黄龙溪。黄龙溪是世界上最早的茶产地和茶市之一。

黄龙溪巴蜀袍哥茶 旧时，作为公共空间的茶馆成为袍哥的活动中心，他们在那里联络、聚集和开会，成为袍哥社会网络的一个重要部分。据《成都通览》记载：“袍哥即烧香结盟之会党也，流于匪类者谓之会匪，普通之名词皆称袍哥，或曰袍几哥，又曰帽顶。”袍哥有自己的堂口，对外联络的方式有茶阵、口令、隐语（江湖话）、手势、兰谱、拜帖等。茶文化在其中尤显重要，讲究的是不论地位高低，以平等和气为贵。现在茶道中的许多文化都来源于此。袍哥会的“茶碗阵”有着很大讲究，对如何摆放、如何端茶等均很重视。袍哥的茶桌上大多不放茶壶，只摆茶碗。袍哥相遇，不必动嘴，只看摆放茶碗的式样，便知

黄龙溪巴蜀袍哥茶（2010年） 黄龙溪镇 提供

来者用意。通常，袍哥来到一个陌生地方，要先拜码头（寻找同伙）。他们总是先来到茶馆，找个位置坐下，两腿平放，而不能翘着。堂倌前来倒茶，袍哥在接过茶碗时必须以右手拇指置于茶碗边上，食指置于茶碗底下，向堂倌相迎；同时，左手要做成“三把半香”的形状，直伸三指，覆于茶碗。这样，其他袍哥一看，便知道是自家人。手拿茶碗时，切忌把手掌覆盖在碗口上，这在江湖上称为“封口”，是极不礼貌的举动。按照规矩接过茶碗后，就会有当地袍哥的管事者前来，同样倒一碗茶，两个茶碗相对放置。“巴蜀袍哥”作为黄龙溪特色茶文化，秉承“千年水码头，百年袍哥茶”的“平等和气”的文化精神，体现了巴蜀文化的源远流长。

茶马古道　茶马古道起源于唐宋时期的茶和马的交易，即“茶马互市”。早在西汉时期，黄龙溪就是一个产茶的水乡和茶叶贸易的市场。自那以后，黄龙茶闻名遐迩，远近的茶商纷纷到黄龙溪买茶，黄龙溪的茶行、茶店也沿河鳞次栉比地开设起来，盛极一时。黄龙溪是锦江水运黄金通道上重要的水路码头，自成都出发顺流至黄龙溪约 40 千米，从下游彭山江口至黄龙溪约 17 千米，商贾们无论自成都顺流至黄龙溪，还是从彭山江口逆行至黄龙溪，都恰巧是一天的行程，杜工部笔下“窗含西岭千秋雪，门泊东吴万里船”中所说的万里船出发的第一夜就住宿在黄龙溪。

宋代，茶叶成为重要的交易商品。北宋时期，茶马交易主要在陕甘地区，易马的茶叶就地取于川蜀，并在成都置榷茶和买马司。川茶最先实行禁榷制度，当时黄龙溪隶属的彭山区出产茶叶和粮食。由官府直接向茶园户收购。而一般茶园户在产茶期间，往往需要“赴场批卖”，即搬运茶叶到官方设立的收购点交售。按照宋代乡村一级镇市绝大多数都拥有上千家或几千家人口推算，黄龙溪镇成为当时一个以大宗茶叶交易为主要税收来源的、商税收入居于中上水准的新型镇市。黄龙溪镇作为当时朝廷设立的一个征税点，在镇上常驻监官，查禁各种贩卖私茶行为。黄龙溪也由此成为成都茶马古道和南方丝绸之路上的一站。北宋熙宁七年（1074），朝廷确立茶马制度，蜀茶被视为博马茶，成都府路所属的 8 个州就设立了 24 个茶市，有专门设立的茶场司负责管理。川茶在宋朝与夏、辽、金、元的军事抗衡中曾发挥了极重要的战略作用，同时，茶马交易也进一步刺激了川茶生产，不仅产量大，茶市活跃，而且私人茶园中还出现了具有资本主义萌芽的新型经济形态。南宋“关陕尽失，无法交易”，茶马互市的主要市场转移到西南。明代文学家汤显祖在《茶马》诗中这样写道：“黑茶一何美，羌马一何殊。”“羌马与黄茶，胡马求金珠。”足见当时茶马交易市场的兴旺与繁荣。至清代，茶马治边政策有所松弛，私茶商人较多，在茶马交易中费茶多而获马少。清雍正十三年（1735），官营茶马交易制度终止。抗日战争中后期，茶马古道成为大西南后方主要的国际商业通道。这条国际大通道，在中华民族生死存亡之际，发挥了重要的作用。

庙会集场

赶场 旧时，黄龙溪场逢一、四、七赶场，现为逢双。每到三、六、十赶场头一天，大街小巷、商铺里外，人满为患。古镇传统经营行业有锅厂、行栈、盐栈、钱庄、当铺、缫丝、银匠、铜匠、铁匠铺、染坊、糖房、醋园、酱园、吊案肉摊、饭店旅栈、茶坊酒肆、日杂百货、中药铺、纸火铺、纸扎铺、榨油坊、剃头铺。禹王宫、王爷庙一类的公共场地设有斗市（米粮市场），交易量最为大宗，其次为油行。乡下种植染料植物兰子，在街场口还自然形成蓝靛行。更有无数经营农副产品、手工业产品者，或沿街摆摊，或游走于场内外、街头巷尾，主要商品有棉花、手织线、农具、铁木器具、土烟、木耳、茶叶、竹器、鸡、鸭、兔、瓜果、蔬菜等。场外河滩上则是猪市、牛市、羊市，外加江湖游医、术士、乞丐、游艺各

80 年代黄龙溪居民赶场（2013 年） 黄焱红 摄

端午龙舟会——龙舟赛（1999 年） 黄龙溪镇 提供

色赶场人等。主要交易产品有海椒、地瓜、甘蔗、花生、花草帽、柴花子等。

龙舟会 黄龙溪镇端午节赛龙舟历史悠久，融入了当地“黄龙与青龙”的传说。赛龙舟时，主船是青龙舟和黄龙舟，舟长 10 米，龙舟两侧各有 10 名水手。另有两只彩船，各伴一龙舟。竞赛项目一是比赛划龙舟，看谁先到达终点；二是比赛抢鸭子，看哪条龙舟的战果最辉煌。每当端午节，鹿溪河与锦江交汇处的宽阔水面上，饰有龙头的青龙舟、黄龙舟在惊天动地的锣鼓声中腾跃水上，两岸人群欢呼雀跃；青龙舟、黄龙舟上，穿着青、黄色彩服的水手，在欢乐、雄壮的鼓声指挥下，神态沉着勇猛，划桨迅速整齐，有如舞动的劲爪，托起龙舟并肩齐飞。赛完龙舟是抢鸭子比赛，鸭子一下河，船上的水手纷纷跃入水中，水手们或迅疾如鱼鹰，或潜泳如水獭，博得人们雷鸣般的阵阵掌声。

王爷会 旧时，每年农历六月初六，都会在王爷庙（今镇江寺）举行为期三天的王爷会。参会人员主要是黄龙溪航运业组织——桡业工会会员。黄龙溪桡业工会兴起于清代，设会首、师爷、查河差、收票员和勤杂人员，包括远航重庆、泸州、宜宾的长航帮，运行成都、乐山的短航帮，苏码头、江口、鹿溪河的舢板帮。鼎盛时，管理船只 300 多只，有会员近千人。王爷会期间，除举行庆祝活动外，更重要的是决定行会重大事项，统一航运管理，维护船民利益，协调内外关系，指导航运业务等。

济孤会 黄龙镇商家经营的慈善组织，对贫穷民众司药、司粥、司棺、祭孤坟。每年寒食节，会首会组织耍狮舞龙，千人同乐。

土特名产

二荆条辣椒 辣椒在明末清初从海外传入中国，后被湖广移民带至黄龙溪镇。因黄龙溪镇气候湿润，成为人们喜食的蔬菜。民国时期，黄龙溪的辣椒成为全国知名特产，顺江销往荆楚地区。解放后，黄龙溪辣椒多为农户自种食用。70年代，黄龙溪发展集体种植，辣椒作为商品销售。80年代，黄龙溪各农户将辣椒作为重要的经济作物，开始大量种植。黄龙溪辣椒主要销往成都、郫县、新津、大邑、浦江、崇州以及其他地区，甚至远销新加坡、印度尼西亚、印度、越南及欧洲地区。2009年，双流县获得国家质量监督检验检疫总局批准，对“双流二荆条辣椒”实施地理标志产品保护后，二荆条辣椒销售渠道得到拓宽，价格逐年也有所提高。2016年，黄龙溪全镇约栽种1200亩，每亩年产量约1000千克，收益5000～6000元/亩。

二荆条辣椒（2000年）
黄龙溪镇 提供

沙地瓜 沙地瓜学名豆薯，别名沙葛、凉薯、地瓜、土瓜等。原产于中国南部、墨西哥、中北美洲。黄龙溪镇土质以黏土为主，宜于种植沙地瓜。沙地瓜属豆科豆薯属，一年生或多年生缠绕性草质藤本植物，其叶片小，藤细，块状根，外形扁阔，椭圆，又被称为“非洲多用豆”。沙地瓜含糖11%，含蛋白质12%，还含有丰富的维生素C。口感肉嫩汁甜，皮薄质脆，入口化渣，汁水有奶的香味。除可当水果生食外，还可红烧、炒吃等作蔬菜食用。其种子和茎叶含有鱼藤酮，有毒，可提取杀虫剂。沙地瓜是黄龙溪传统作物，2016年，全镇约栽种1500亩，亩产约2500千克，收益3000～6000元/亩。

黄龙溪茶 黄龙溪气候湿润，降水丰富，排水性较好，土壤呈酸性，这些都是适宜茶树生长的自然条件。西汉时期，黄龙溪就已大量种植茶叶，而且品质上乘，成为有名的茶叶交易市场。隋唐时期，黄龙溪成为成都货物输出的一大码头，成都及锦江、鹿溪河流域的特产蜀锦、茶叶、酒、糖等大量商品经黄龙溪运销全国。宋代，茶叶税收成为黄龙溪的一大税源。民国时期，战乱饥荒频仍，黄龙溪茶山减少，种茶、制茶等很少。五六十年代，滇藏公路、川藏公路修通，黄龙溪失去了茶马古道的水路优势，茶叶市场萧条。80 年代，随着经济的复苏，黄龙溪茶叶种植增加，采茶、制茶再次复苏，并得到发展。

黄龙溪的茶有毛峰、黄芽、龙珠、芽蕊、清明香、茉莉花茶等 20 多个品种，均以优质的茶叶和独特的工艺配制而成，成为极具地域色彩的品牌。1983 年，注册商标为“古壶”，年产茶叶 2.5 万千克。1984 年建立黄龙花茶厂，注册商标为“古镇黄龙溪”，年产茶叶 11 万千克。1985 年 8 月参加四川省乡镇企业花茶加工评比，以“清香扑鼻、茶色纯正、回味悠长”的特色和独特的配方工艺，赢得赞赏。1992 年，黄龙溪茶获成都市首届农副产品展销会“银奖”。1993 年，黄龙溪茶获“1993 年中国成都国际熊猫节”银奖。

90 年代中后期，黄龙溪镇生产的“黄龙牌”茉莉花茶系列上市。上乘的茉莉花配制而成的茉莉花茶，做工精细，工艺考究，具有香气浓郁持久、滋味纯正鲜爽等特点。因为传统工艺、配方和茶叶的质地，使得黄龙溪茶迅速发展成该镇的支柱产业。1999 年，黄龙花茶厂在夹江县、犍为县开辟加工厂，仍采用当地茶叶，以当地优质茉莉花配制。2005 年，黄龙溪茶叶的种植面积逐步下降，但茶叶更加优质，年销售额和盈利额逐渐增加。2006 年后，黄龙溪茶的生产原料开始大量从外地引进，黄龙花茶厂年产茶 4.5 万千克。为保护黄龙溪 30 余年的制茶历史，2006 年投资 308 万元从云南引进苦丁茶进行种植，发展具有特色的茶品牌“苦丁茶”。至 2016 年，黄龙溪有专业的制茶厂 5 家，产茶量约 5.2 万千克。

韭黄 黄龙溪镇出产的韭黄具有黄白分明，质地清新，粗纤维细微，烹调入味透、漂浮于汤面，清脆飘香的特点。东岳村、古佛村、嘉禾村、大河村沿河岸边的黑色沙土是韭黄种植的优质土壤，有着悠久的韭黄种植历史，常年种植面积约 680 亩。2012 年起调整产业结构，全力培育特色产业，扩大韭黄种植规模。至 2016 年，韭黄种植面积扩大到约 1000 亩。每亩收入一般在 5000 元以上，高的可超过 7000 元，销往东北、港澳地区，甚至远销国外。

腊肉 腌制腊肉一般在腊月间，故名腊肉。制作时先取肥瘦适度的鲜猪肉刮去表皮污垢，切成 4 ~ 5 厘米宽的肉条，把盐和花椒炒熟，均匀抹在上面，放到盆中焖，一周后将其晾晒一两天，使表面水分风干，挂在土灶口上方，借用煮饭时冒出的烟熏制。也有专门用柏树丫熏制的。食用时，一般是先将腊肉煮熟、切片、码盘，再放至锅中蒸。腊肉吃起来味道醇香、肥而不腻，是逢年过节的必备菜品。

美食小吃

黄龙溪传统饮食“三绝”有珍珠豆花饭、焦皮肘子、油炸千头鱼，地方名特食品还有芝麻糕、干豆豉，都充满着民间乡土饮食的特有风采。坐落于仿清街的黄龙溪“国际旅游美食超市”，俗称“美食街”，长达 800 米，整个街区店铺规划统一，集国际风情美食、中国传统美食、天府地方美食、古镇特色美食于一身。

九大碗 九大碗也被人们习惯称作坝坝宴、流水席、九个碗等，以蒸菜的九大菜（软炸蒸肉、清蒸排骨、粉蒸牛肉、蒸甲鱼、蒸浑鸡、蒸浑鸭、蒸肘子、夹沙肉、咸烧白）而得名，是古镇传统特色菜肴之一。

每逢新春佳节或结婚、生子、建房等，都要请亲朋好友相聚，大吃一番，俗称吃九斗碗。民间视“九”为吉数，有“九九长寿”“九子登科”“天长地久（九）”等说法。

九大碗（左）、土九碗（右）（2016 年） 黄龙溪镇综合文化站 提供

“九斗碗”可以是七碗，可以是十一碗，但决不能放八碗或十碗。在川西坝子上，喂猪的猪槽一般都是用石头做的，民间把“吃十（石）碗的”作为骂人的隐语，所以不能用十碗菜来招待客人。而桌上的菜不能摆八碗，则是因为开席的时候一般会有叫花子（乞丐）前来贺喜或哭丧。他们往往还打着莲花闹，走到哪唱到哪，见到什么唱什么。由于不管是红事还是白事，主人家都信奉“客走旺家门”的道理，对于前来捧场的乞丐，都会热情招待，一人一碗盖浇饭。一张八仙桌，一面坐两人，刚好八碗饭，所以川西民间就把放八碗饭的称作“叫花子席”。因此，八与十这两个数，是办席忌讳。

黄龙溪摆“九大碗”席的时候，数十上百人聚在一处，一阵鞭炮响后，于漫天青烟中按男女区别，辈分高低，分散坐于一张张八仙桌旁，伸箸畅食，举杯畅饮。不远的地方，随地而挖的土灶上叠着高高的蒸笼，热气腾腾，简易的案板上堆满菜肴、餐具。腰拴一截油迹斑斑围裙的厨师飞快地挥舞手中的锅铲或菜刀，一碗碗菜流水一样端上桌子，主人家不停地招呼，场面热闹非凡。黄龙溪民间也还流传着这样一首《九碗歌》：“主人请我吃饷午，九碗摆的胜姑苏。头碗鱼肝炒鱼肚，二碗仔鸡炖贝母。三碗猪油焖豆腐，四碗鲤鱼燕窝焯。五碗金钩勾点醋，六碗金钱吊葫芦。七碗墩子有块数，八碗肥肉噜噜。九碗清汤把口漱，酒足饭饱一身酥。”

软炸蒸肉　又称粉蒸肉。将带皮的五花肉切成片，红薯切成约 3 厘米见方的块状；切好的肉片放入盆中加植物油、郫县豆瓣、豆腐乳汁及小半块豆腐乳、花椒、姜米、葱米、胡椒粉，最后加少许水或鲜汤，与米粉混合均匀，静置 15 分钟；然后将切成块的红薯放置在蒸笼的底部，再将准备好的肉片排置在红薯上面用中火蒸约 1 小时，直到肉和红薯都软后，取出蒸笼，即可食用。

粉蒸牛肉　主料是牛肉和大米，菜品鲜嫩醇香、麻辣适口。粉蒸牛肉有多种做法，黄龙溪镇较为普遍的做法是：先将大米炒黄磨成粗粉，葱切成葱花，豆豉剁细，姜捣烂后用少许料酒浸泡，香菜洗净切碎。牛肉切成薄片（长约 4 厘米、宽约 2 厘米），用油、酱油、姜水、豆豉、豆瓣酱、胡椒粉、大米粉等拌匀，放入碗中上屉蒸熟，取出翻扣盘中撒上葱花。另用小碟盛香菜、花椒粉、胡椒粉做蘸料。

粉蒸肉（2016 年）黄龙溪镇综合文化站　提供

清蒸鸭　特点是肉质软烂，味道鲜美。烧开水后放入鸭子将血水去掉，放上料酒、

清蒸鸭（2016 年） 黄龙溪镇综合文化站 提供

夹沙肉（2016 年） 黄龙溪镇综合文化站 提供

葱段、姜片、胡椒粉和高汤，放进笼屉，用旺火蒸 2 小时，撇净浮油，加入味精和精盐即可。

夹沙肉 选用五花肉，将豆沙夹入肉片，蒸至酥软，作甜食上桌。成菜白里透红，鲜香甜糯，肥而不腻，最受老人喜爱。

咸烧白 以五花肉为制作主料，烹饪技巧以蒸为主，口味属于咸甜味。菜中的主要配料叙府芽菜，是四川宜宾（古称叙府）的特产。

豆花饭 一道适合大众人群消费的黄龙溪美食。劳作之后，盛一碗白米饭（古时加帽头）就着豆花吃饭，豆花白嫩，佐料麻辣，真是妙不可言。豆花通常用黄豆制作，个别会用豌豆、蚕豆等豆类。将黄豆用水泡胀，磨碎过滤出豆浆，豆浆如果加入盐卤或石膏，就会凝结成非常稀软的固体，色泽白润，口感细腻，以“珍珠豆花”最为出名。所谓“珍珠豆花”，就是将新鲜猪肉（肥瘦兼半）剁成如珍珠般大小的肉末儿，然后加工灌制到豆浆中，煮熟后“豆花亮晶”，似珍珠，故得名。在黄龙溪，豆花不仅仅是一种美食，更超越了饮食本身，具有丰富的文化内涵。豆花简单宜食，是千百年来黄龙溪居

咸烧白（2016 年） 黄龙溪镇综合文化站 提供

豆花饭（2016 年） 黄龙溪镇综合文化站 提供

老街豆花（2017 年）　　孟蓓　摄

黄辣丁（2007 年）　　黄龙溪镇　提供

猫猫鱼（2017 年）　　李思健　摄

民常食用的一种美食，代表了一种朴素而清白的精神追求。古代的一些文人墨客，也以食用豆花作为一种修身自律的方式。这些文化借助豆花传承下来，使广大游客在品尝美味的同时，也感受到一种无形的文化氛围，更加丰富了景区的文化内涵。

红汤、白汤黄辣丁　黄龙溪黄辣丁一般有两种吃法，一是以当地产的山椒、红辣椒提味，佐以香菜，汤色红亮、麻辣鲜香。二是用猪油、水、盐煮，不用太多佐料，保持原汁原味，一直煮到白汤为止，起锅时加入葱花，汤美鱼鲜，口味清淡。

油酥猫猫鱼　猫猫鱼又名仔鱼、仔虾，是当地江河中野生的一种长不大的小鱼、小虾（俗名麻杆子、虾米），将其油炸，然后放上调料，麻、辣、香、稣、脆，是佐酒的小菜和休闲小吃。

焦皮肘子　焦皮肘子是黄龙溪的地方特色菜，菜品味道香辣醇厚，借鉴了西南少数民族烧烤的特点，移植“庖烙烹饪法”烧制的肘子，口感软糯，色彩明亮鲜艳，很能引起人的食欲。制作焦皮肘子的食料主要有肘子、生姜、蒜、豆瓣、山柰、八角、糖、桂皮、香葱、芹菜、盐、老抽、香叶等，材料虽多，烹饪方法却比较简单，将肘子洗净，冷水下锅，焯至断生（去血水、腥味），捞出放凉后抹老抽，然后小火炸至皮上起泡，起锅备用。将以上佐料下锅炒香，淋在肘子上，蒸3个小时，出锅后撒少许葱花即可。

熬锅儿肉 又叫“回锅肉”，一般选用猪肋肉，先煮至肉熟皮软后捞起，切成薄片，再爆炒，放入豆瓣、酱油、蒜苗等佐料，翻炒之间，香味即出，可谓“一家吃肉，香飘四邻”。

水煮牛肉 是川菜中“麻、辣、烫”的代表，将牛肉用水煮食，加点盐、花椒、辣椒做佐料。后经厨师改进，成为川菜中的名菜，麻辣味厚，滑嫩适口，深受百姓喜爱。

鱼香肉丝 以烹制鲜鱼的调料烹制，使其产生鱼的香味。鱼香肉丝咸、甜、酸、辣、香、鲜各味皆有，而姜、葱、蒜味尤为突出。

藿香鲫鱼 藿香是一种常见的野生植物，有特殊的芳香，具有消胃气之功效，用于烹制鲫鱼，口味极好。操作时先将鲜鲫鱼宰杀、洗净，用精盐、料酒、胡椒粉码味。将泡辣椒、豆瓣剁细，泡姜切粒，藿香择洗后切成末，泡萝卜切成小丁。将锅中精炼油烧至七成热，下鲫鱼炸至紧皮后捞出。锅留底油，加入豆瓣、泡辣椒、泡姜、蒜米、泡萝卜炒香，掺入鲜汤，放入鲫鱼，加料酒、醪糟汁、精盐、酱油、白糖、醋及少量藿香末，烧至鱼熟时捞出装盘。锅中留汤汁，用豆粉勾芡，调入味精，淋入香油，撒上葱花，起锅浇在盘中鲫鱼上，再撒上余下的藿香末即成。

一根面 一根面又叫“长寿面”“长久面”，是宋元明清时期黄龙溪古镇传统的面类美食。黄龙溪地处平原，鹿溪河与锦江交汇穿镇而过，地肥水美，盛产小麦，每到逢年过节办喜事时，黄龙溪几乎家家都会

回锅肉（2016年）
黄龙溪镇综合文化站 提供

鱼香肉丝（2016年）
黄龙溪镇综合文化站 提供

藿香鲫鱼（2016年）
黄龙溪镇综合文化站 提供

古镇一根面（2017 年） 刘明 摄

用麦芯粉做一根面。一根面在不同的场合有不同的寓意。过生日时吃一根面加两个蛋寓意长命百岁，一根面加三个蛋表示长寿千秋，一根面加四个蛋祝福万寿无疆。婚嫁喜事时新郎新娘必须吃上一根长面，而且是新郎新娘分别从一根长面的两端向中间吃，直吃到嘴对嘴合而为一，寓意长长久久、百年好合。儿女出远门时，妈妈会做上一根面，祈祷儿女一路平安。正月里吃上一根面预示全年一顺百顺。冬天吃热面，夏天吃凉面。

一根面的制作从和面到面下锅总共需要十几道工序，历时十多个小时。首先将适量的面粉加入少量的食用盐，再用 65℃的温热水和面一小时左右，和好面以后再揉上半小时，再醒半小时，如此反复七八次，面团才算基本制作好。之后开始搓条，从胳膊粗的粗条一直不停地搓，一直搓到手指头粗细，然后再一圈一圈盘在圆盘里，盖上湿布，醒上 4 个小时左右，就可以下锅。下锅时由面艺师捏住一根面的一头远距离地抛入锅中煮熟，如像猛龙过江般，甚是好看。

一根面的特色在于“一碗只有一根面，一锅也是一根面。一根面要多长有多长”，面条滑爽、柔韧弹牙，越嚼越有嚼头。一根面的精髓在于吃的是面条本身的味道，而不是调料的味道，即使不加面卤，味道也是鲜美无比。一根面的吃法也很讲究，必须夹住一根长面从头吃到尾。这种独特的面食只有黄龙溪古镇才能吃到，已经成为黄龙溪古镇一道有名的美食风景线。民间一直流传“不吃一根面，枉到黄龙溪”的说法。

在 2011 年 10 月举行的中国国际美食旅游节小吃争霸赛上，黄龙溪一根面在来自世界各地的美食中脱颖而出，一举夺魁，获得 2011 年中国国际美食旅游节小吃争霸赛总冠军。2012 年 3 月 14 日，黄龙溪一根面在众多古镇美食评选中当选“中国天府古镇美食”，排名第一。同年 12 月，黄龙溪一根面被四川电视台峨眉电影频道《天府美食》栏目评为“四川好味道”。

丁丁糖　相传清道光年间（1821—1850）一个叫李世鸿的人开始在成都制售丁丁糖，李记丁丁糖红遍了半个成都，这种工艺慢慢地也传到了黄龙溪。制作原料主要有麦芽糖等。将熬制好的麦芽糖缠在结实的木梁上用力地扭，反复拉伸，往外拉开可以拉到 1 米左右。刚熬制好的麦芽糖是黄色的，经过不断地拉伸，麦芽糖会变得越来越洁白晶莹。最后，麦芽糖被拉成洁白的丁丁糖。90 年代以前，在黄龙溪的大街小巷，常常有挑着箩筐的小贩，用一把小锤敲打一个弯曲的铁片，发出一声声清脆的“叮叮当”的声音招揽顾客。一旦顾客确定要买，小贩会用小锤敲打铁片，从整块丁丁糖中敲下所需斤两，总是八九不离十。位于镇龙街的黄记传统丁丁糖，现做现卖，是古镇特色名小吃。

芝麻糕　芝麻糕为面粉和芝麻混合在一起蒸合而成的一道甜品。相传，明末清初，黄龙溪民间开始出现采芝麻制糕的人，久而久之，形成了独特的配方和工艺。清朝极为盛行，因口感香甜、细腻绵软、甜而不腻，老少皆宜，被选为进献皇室之贡品，流传开来，成为黄龙溪现存唯一批量生产的特色产品，曾多次获奖，其中“龙字号”是黄龙溪

现场制作丁丁糖（2012 年）

黄龙溪镇　提供

售卖芝麻糕的商店（2017 年）
李思健　摄

豆豉（2012 年） 黄龙溪镇 提供

古镇最负盛名的百年老字号之一。芝麻糕很适合配茶一起食用，一杯解油腻的苦荞茶，几个芝麻糕就是一顿很有成都风的下午茶。

土豆豉 土豆豉绝大多数是家庭手工制作。把黄豆蒸熟加进盐等调味，用干竹叶包好一定分量后用麻绳扎口，12 个扎成一捆，然后挂在灶台上方让烟熏烤一定时日，再挂到室外晒干即成。蒸排骨或鲢鱼时，与蒜一起捣烂，拌进肉或鱼中，或蒸或煮，食之其味无穷。

方言　民谚

民间谚语是一种大众文化，它是历代民众从实践中总结出来的经验，是一个地域民俗、礼仪、物候、操行、时令的缩影。民谚通俗易懂，简明押韵，易记易用，具有醒世之功，悔人之力。

品行类

人美在勤劳，鸟美在羽毛。

近水知鱼性，近山知鸟音。

有借有还，再借不难。

绣花枕头一包草。

歪戴帽儿斜穿衣，长大不是好东西。

说是说，笑是笑，动手动脚没家教。

见大不怕，见小不欺。

宁吃鲜桃一口，不吃烂杏一筐。

开水不响，响水不开。

没做亏心事，不怕鬼敲门。

好女不穿嫁时衣，好儿不吃分家饭。

生前不把父母敬，死后何必苦魂灵。

穷不丢猪，富不丢书。

要打当面鼓，不敲背后锣。

火要空心，人要忠心。

一日之计在于晨，一年之计在于春，一生之计在于勤。

劝诫类

家有一老，赛过一宝。

修树趁早，教子趁小。

坛口封得住，人口封不住。

响鼓不用重锤。

来说是非者，便是是非人。

要得公道，打个颠倒。

人敬我一尺，我敬人一丈。

听人劝，吃饱饭。

井水挑不干，力气用不完。

人吵败，猪吵卖。

佛争一柱香，人争一口气。

杀鸡杀断喉，救人救到头。

一个巴掌拍不响。

跟好人学好人，跟着端公学跳神。

若要人不知，除非己莫为。

路遥知马力，日久见人心。

画龙画虎难画骨，知人知面不知心。

人有失言，马有失蹄。

有心栽花花不开，无心插柳柳成荫。

祸从口出，病从口入。

牵牛牵鼻子，打蛇打七寸。

良药苦口利于病，忠言逆耳利于行。

先正己，后正人。

上梁不正下梁歪。

满罐水摇不响，半罐水响叮当。

单丝不成线，独木不成林。

人情好，冷水甜。

饭后百步走，活到九十九。

不怕家务（指经济）穷，只要老婆雄（能干）。

千里送鹅毛，礼轻情义重。

风俗类

吃酒不吃菜，各人心头爱。

儿不嫌母丑，狗不嫌家贫。

黄金有价情无价。

凡人不可貌相，海水不可斗量。

亲戚不走不亲，远亲不如近邻。

变了泥鳅不怕泥糊脸。

手背手心都是肉。

秤不离砣，公不离婆。

内行看门道，外行看热闹。

雷公不打吃饭人，伸手不打笑脸人。

皇帝爱长子，百姓爱幺儿。

跳蚤顶不起铺盖。

人上一百，形形色色。

家中有金银，隔壁有戥秤。

灯不拨不亮，话不说不明。

好事不出门，坏事传千里。

有理走遍天下，无理寸步难行。

船载千斤，掌舵一人。

晴带雨伞，饱带饥粮。

出门看天色，进门看脸色。

物候时令类

云跑东一场空，云跑南水涨潭，云跑西穿蓑衣，云跑北好晒麦。

处暑无雨十八高（太阳高照），处暑有雨十八遭（雨水多）。

一九二九，怀中揣手；三九四九，冻死猪狗；五九六九，沿河看柳；七九六一三，行人把衣宽；九九八十一，庄稼老汉田中立。

大雪小雪，烧锅不歇；大寒小寒，杀猪过年。

春分秋分，昼夜平分；冬至致长，夏至致短。

早烧（火烧云）不等黑，晚烧（火烧云）要等半个月。

立夏小满正栽秧，小满栽秧天赶天，芒种栽秧时赶时。

草薅死，泥薅绒，田薅平。

乌云拦东，不下雨也要刮风。

冬雾雾晴，夏雾雾雨。

雨中蝉儿叫，预报晴天到。

朝霞不出门，晚霞行千里。

先打雷后下雨，不如一铺大露水。

明星照湿地，有雨在半夜。

天黄有雨，人黄有病。

有雨天边亮，无雨顶上光。

太阳反照，乌龟也要戴草帽。

天上斑斑云，明天晒死人。

立夏不下（雨），犁耙高挂。

中秋有雨误小春。

早饭昏黄雨，下到鸡歇笼。

伏抱秋，凉悠悠；秋抱伏，热得哭。

清明要明，谷雨要淋。

燕子爬地行，必有大雨淋。

庄稼一枝花，全靠粪当家。

水是庄稼命，肥是庄稼劲。

谷倒一包秧，麦倒一包糟。

秋前十天无谷打，秋后十天满坝黄。

三反四复，打不落的是秕谷。（打谷）

窝窝七八片，行行八寸宽。（栽秧）

深栽芋头浅栽姜，红苕栽在面面上。

歇后语

吴二爷（一种鬼）卖布——鬼扯（喻不讲理）

王婆卖瓜——自卖自夸

坟山上撒花椒——麻鬼（无法欺骗）

菜刀打豆腐——两面光

菠菜煮豆腐——一清二白

乌龟打屁——冲壳子（聊天）

矮子过河——安（淹）了心（喻有决心）

猫扳倒甑子——替狗整事

三张纸画个人脑壳——面子大

虾子爬田坎——干挣

爬老海（螃蟹）走路——横起爬（指不讲理）

黄连树下弹琴——苦中取乐

哑巴吃汤圆——心中有数

茶壶里的汤圆——倒不出来（无口才）

癞蛤蟆吃豇豆——玄吊吊的（不实在）

癞蛤蟆垫桌子脚——硬挣

秃子头上的虱子——明摆着的

头上生疮，脚下流脓——坏透底了

茅坑里栽青菜——将就使（屎）

茅坑里的石头——又臭又硬

懒婆娘的裹脚——又臭又长（指文章或语言）

茅房坎打电筒——找（照）死（屎）

家婆死儿——无救（舅）

外侄打灯笼——照旧（舅）

被窝里眨眼睛——自己骗自己

推屎爬戴眼镜——冒充地理先生

猫儿不吃死老鼠——假慈悲

镜子里的钱——看得到拿不到

担砂罐跌跤——没一个好东西

丈二和尚——摸不着头脑

鸡婆跟到风车撵——吃壳壳（指无结果）

木匠戴枷——自作自受

玻璃瓶内的苍蝇——前途光明无出路

房子上的冬瓜——两边滚

十五个吊桶打水——七上八下

芝麻开花——节节高

门缝里看人——把人看扁了

光脑壳打洋尘——莫望（无希望）

黄鼠狼给鸡拜年——没安好心

泥菩萨过河——自身难保

脚板底下擦油——溜了

月亮坝头晒笋壳——不贪（摊）

月亮坝头耍弯刀——明侃（砍）

耗子钻风箱——两头受气

堂屋里撑秧盆——祖“传”（船）

城墙跑马——危险

肩膀上扛炭火——老火（指办事难）

拳头捶海椒——辣手（指不易办）

半天云头牵口袋——装疯（风）

口袋里装茄子——叽叽咕咕（喻意见多）

狗咬耗子——多管闲事

胳肢窝生疮——老（举）手（指行家）

上楼梯，吃甘蔗——步步高，节节甜

高射炮打蚊子——大材小用

八月十五的月亮——正大光明

吃了秤砣——铁了心（喻有决心和毅力）

耗子扛枪——起了打猫心肠（坏心眼）

瘟珠子眨眼睛——图混时候

冷水泡茶——无味

门缝缝头吹喇叭——名声在外

墙上挂门帘——没门

和尚打伞——无法无天

扁担做吹火筒——一窍不通

猫哭耗子——假慈悲

猪八戒照镜子——里外不是人

八仙过海——各显神通

驼子翻跟斗——两头不落实

麻布口袋中的锥子——藏不住（指能力强）

弹花匠的女——会谈（弹）不会纺

儿歌童谣

扯锯，还锯

扯锯，还锯，扯得牛儿耖沙地。

耖一亩，又一亩，快放牛儿歇口气。

气死幺姑娘

月亮月亮光光，芝麻地头烧香。烧死麻大姐，气死幺姑娘。

背起包袱回娘屋

正月打花鼓，背起包袱回娘屋。娘屋远，打把伞。娘屋近，拄根棍。

金银花，十二朵

金银花，十二朵。大姨妈，来接我。猪打柴，狗烧火，猫儿煮饭待息我。

张打铁，李打铁

张打铁，李打铁，打把剪刀送亲戚。毛铁打到三斤半，大小娃娃都来看。

打把锁，锁衣箱；打把尖刀杀猪羊；打根链子拴住狼。

我走家婆门口过

我走家婆门口过，舅母喊我进屋坐。

亲戚留我歇，我不歇，我要回家打毛铁。

倒碗茶，冷冰冰；

吃碗粉，十几根；

裹杆烟，空心心；

家婆喊我吃点心，舅母在外鼓眼睛。

蜂子蜂子嗡翁

蜂子蜂子嗡嗡，飞到姐姐房中。

牛运胭脂马驮粉，问你姐姐肯不肯？

呸呸！打你蜂子油滑嘴。

舍不得爹，舍不得娘，舍不得姊妹哭一场。

我跟你长来一样长

嫩竹妈，嫩竹娘，我跟你长来一样长。

黄龙溪之晨（2018 年）　　黄龙溪镇　提供

名人与名镇

黄龙溪“民情尚文，节操自守”。“自汉以来，号为多士，莫盛于眉、益二邦”，处于眉益二邦之间的黄龙溪，既有豪杰义士为了心中理想投身革命洪流，又有历代达官贤士、文人墨客钟情于此，流连忘返，留下众多轶闻与佳话。

HUANGLONGXI TOWN
黄龍溪

人物传略

向传义（1886—1955） 字育仁，清光绪十二年（1886）生于仁寿县嘉禾乡（今黄龙溪镇古佛村）。他先考入四川陆军小学堂，毕业后升入南京陆军第四中学，后又直升保定陆军军官学校。清宣统元年（1909）加入中国同盟会。辛亥革命时同熊克武返川，组织川军北伐，历任熊克武部连长、营长。1913 年熊克武兵败，向传义出走上海，旋东渡日本，考入日本政法学校。

向传义毕业后回国返川，历任护国军营长、团长，驻防万县。四川靖国护法时，率部西上驻成都，升任旅长、师长。川滇战争中，辞去军职，任四川省财政厅厅长。一年后，改任四川防务总办兼 24 军第 3 师师长、副军长。当时刘文辉、邓锡候、田颂尧三军同驻成都，治安秩序混乱，经协议组织三军军、警、团联合办事处，向传义任处长。1933 年，刘文辉兵败，向传义辞去军职，携眷离川，闭居苏州，与戴季陶、萧毅峫、朱绍良、张群等交往甚密，并被选为国民党中央委员。

抗日战争爆发后，向传义受戴季陶、张群、蒋介石之邀返川。1939 年，向传义被选为四川省临时参议会副议长。1941 年，四川省参议会成立，向传义被选为议长，任职至 1949 年。向传义任四川省临时参议会副议长、四川省参议会议长期间，参议会议员中既有国民党 CC 派、复兴社成员，又有四川地方军政势力人物，也有民主进步人士，还有中共地下党员，例如吕寒潭、胡春圃即为中共地下党员。向传义从中斡旋，顺应时局变化。1945 年，由向传义签署文件，四川省参议会报请国民政府财政部批准，停征屠商营业税。1946 年，仁寿县遭受大雨冰雹灾害，经四川省参议会报请，由向传义找张群签字核发赈款 50 万元，并将府河乡（现属彭山县府河乡）、嘉禾乡（现属双流区黄龙溪镇嘉禾村）、佛洞乡（现属双流区黄龙溪镇古佛村、东岳村）等乡借谷改收代金券，并将仁寿县 30 年的陈欠税款豁免；同年，仁寿县再遭水灾，向传义出面报请批准苏秦、府河、佛洞等 8 乡在应征粮额内扣减赈谷 1206.15 市石（约 15.08 万千克），以资救济。又因当年其家乡仁寿县嘉禾乡、府河乡遭遇洪灾，向传义捐资在佛洞乡中坝儿古佛堰首建起一座长 50 丈、高约 2 丈、宽 1 丈的拦水坝，既避水害又确保了古佛堰用水，泽被华阳、仁寿、彭山 3 个县近 2 万亩良田，并捐资对古佛堰进行了一次彻底的维修和疏通。因当时向传义全部购买乐山水泥厂生产的水泥加上府河孵石对拦水大坝进行浆砌，故将该工程取名为“洋石灰”。1947 年，仁寿再遭洪水，锦江沿岸各乡镇受灾严重，向传义考察灾情，报请省府拨款 1 亿元，进行赈灾。

向传义多次积极与当时四川中共地下党负责人胡春圃、吕寒潭联系，争取进步。曾多次利用关系掩护、营救中共党员和进步人士。1947 年秋，胡春圃被捕，向传义密电重庆行辕参谋长萧毅嶇，致函行辕主任朱绍良和军统头子徐远举，又专函行政院院长张群帮忙释放胡春圃。1948 年年底胡春圃被释放。此外，向传义还通过成都警备司令严啸虎、警察局局长徐中齐的关系营救李劼人之女李远山及华西协和中学教师卢帮本等。

1949 年，向传义拒绝了国民党要求其飞往台湾的命令，并同熊克武、吕寒潭、刘文辉、邓锡候、潘文华等控制川军，共商起义大事。1950 年 11 月，向传义遵照军管会对国民党原军政人员登记的公告，到小天竺街派出所登记后，被收押于重庆白公馆。1954 年，最高人民法院西南分院对向传义作出刑事判决。1955 年 2 月，向传义病逝。1985 年，最高人民法院撤销原西南分院对向传义的刑事判决，称向传义为“中国革命的老朋友”。

许寒冰（1913—2004）　仁寿县籍田区嘉禾乡（庄）人（现属双流区黄龙溪镇嘉禾村）。1929 年，他在嘉禾庄天齐公学高小毕业后，继续就读于该校附设的简师班。当时，学校的党小组已发展为中共党支部，党员们通过教学活动，对学生们进行以反帝、反封建、反军阀为主要内容的爱国主义教育；组织师生罢教罢学 1 周，上街游行示威，宣传中共的土地革命主张；培养积极分子，加强党的建设。许寒冰通过与党支部书记邓渊儒、党员温化南接触，经常阅读《新青年》《十月革命》《唯物辩证法》等进步书籍。

许寒冰与彭山县公义场农民武装领导人之一的郭祝三交往甚密，常在一起谈论国事。郭祝三也经常给他讲解马克思、恩格斯、列宁的革命学说，介绍俄国十月革命的情况。1932 年 4 月，许寒冰由郭祝三介绍，加入中国共产党。根据中共彭仁华特区委的指示，许寒冰遵循地下工作的原则，采取“滚雪球”的方式，先后在嘉禾庄锦江河段两岸，组建了有校内外儿童参加的两个儿童团：河东儿童团有40多人，分编为5个小组；河西儿童团有20多人，分为3个小组。许寒冰围绕特区委的中心任务，组织他们开展活动，有计划地为党团组织输送新鲜血液，先后在儿童团员中发展了辜多友等5人为团员，陈国才等6人为党员。

1933年，许寒冰为躲避敌人追捕，背井离乡，儿童团组织活动停止。全面抗日战争爆发后，他回到家乡，积极参加抗日宣传活动。1939年，经友人介绍，他到西康省喜德县米市区宁东设治局当文书，兼任米市省立小学校长职务，组织师生开展抗日宣传活动，因宣传工作成绩突出获西康省教育厅奖励。1942年，他到金沙江边的宁南县政府民政科当二级科员，供职4年多。此间虽然暂时脱离了党组织，但他仍从事革命活动，通过组织“兄弟会”团结群众，并利用“兄弟会”的力量开展抗日宣传、抗日从军等活动。

1947年，许寒冰从宁南县回到家乡，与郭祝三接上组织关系。在上级党组织的支持下，1948年，他发动群众，开展反饥饿斗争，抢走国民党的军粮七八十石。1949年，许寒冰组建游击队，待解放军打到彭山时，许寒冰带领游击队配合解放军作战，缴获胡宗南残部中正式步枪36支，弹药20多箱，军毯20多床。

1950年，许寒冰组织群众协助征粮，做宣传工作。同年7月，调籍田区公所做公安工作。1952年，参加土地改革运动。此后，许寒冰先后被调往仁寿县元通区、付家区从事民政和文教工作。1954年秋，许寒冰回家务农，后又从事嘉禾庄的老龄工作。2004年，许寒冰因病去世。

向宁芳（1924—1950）　向传义之子。1943年由齐鲁大学数学系投考中华民国空军军官学校，编入第二十四期（即留美空军第二十四期，又名“飞虎队”），先后赴驻印美军基地及美国各级飞行学校训练。1948年回国任空军二大队飞行员。解放战争中因执行轰炸任务时所见均为贫民，故愤而离军，转入新津飞行学校执教。1949年年底，向传义送向宁芳参加中国人民解放军。1950年7月，向宁芳在执行飞行任务中牺牲，西南军区授予其革命烈士称号。其墓由向传义选于石板滩，2003年迁至黄龙溪镇黄龙公墓。

名人与黄龙溪

诸葛亮练兵黄龙溪　黄龙溪作为锦江通衢和重要水码头，溯江而上可至成都，顺流而下便抵南安（今乐山），扼古蜀水道咽喉。历代在此屯兵设防，对于屏障川西平原、拱卫成都，发挥着重要作用，是成都历史上最南边的江防据点。三国时期，诸葛亮曾派重兵把守黄龙溪，在此屯兵牧马、操练水军。2009 年，黄龙溪古镇修建了八阵林休闲广场、八阵牌坊、八阵桥、孔明桥、张飞桥等具有三国历史文化底蕴的建筑，力图再现“诸葛亮练兵黄龙溪”的历史场景。

郭沫若赋诗古佛洞　郭沫若，四川省乐山人。原名郭开贞，字鼎堂，号尚武。笔名沫若、麦克昂、郭鼎堂、石沱、高汝鸿、羊易之等。文学家、剧作家、诗人、历史学家、古文字学家、书法家、学者、社会活动家。著述颇丰，主编《中国史稿》和《甲骨文合集》，全部作品编成《郭沫若全集》38 卷。

清宣统二年（1910），郭沫若到成都求学，年年坐船往返乐山、成都之间。每当路过黄龙溪景区的古佛洞，总要欣赏一番金华庵“寺枕山腰俯瞰河，层楼叠嶂两巍峨……山寺飞将入眼来，兴机触发心花开。醉眼欲穷天下事，揽衣直上最高台……徐徐缓步殿阶上，神物奇古穷殊相……佛寻古洞复不得，兴尽悲来催上船”的美景。1913 年，郭沫若考入天津军医校，正值夏天，他与友人从成都乘船回乐山。午后，船行到了古佛洞，他上岸游览，来到金华庵，缓步自殿阶而上，直上最高台。回舟后，郭沫若心潮澎湃，一气呵成，写出了《游古佛洞》。

李文信作《古镇小巷图》　李文信（1927—2006），又名李涛，四川双流人，中国美术家协会会员，四川省美术家协会理事，四川美术学院绘画系教授，重庆国画院副院长。1941 年起，相继在西南美术专科学校、杭州国立艺术专科学校、正则艺术专科学校学习绘画。1950 年，任西南人民艺术学院美术系研究员，1953 年，开始任教于四川美术学院。是第七届全国美展中国画评委。

李文信受教于吕凤子、潘天寿、诸乐三、傅抱石等大家，擅画人物、山水。他集诸家之长，勇于创新，自成一体。他的画面构图别致，笔墨清新，平淡中显奇趣，富有浓郁巴山蜀水生活气息。从艺 50 余年，其凭借卓越才能和不懈努力，确立了个人在中国画坛的地位，其作品亦产生较大影响。李文信还热心参与社会公益活动。

2001 年重阳节，李文信到黄龙溪采风写生，置身于古镇镇江寺的古榕树和小巷中，创作了《古镇小巷图》。画中深秋的黄龙溪，山峦清淡，秋水静流，古榕树虽经历千年沧桑，依旧枝繁叶茂、生机盎然，古镇拱门下，往来之人堪称点睛之笔，给静谧的古镇平添了勃勃的生气。

古镇复兴街一景（2003 年）　　王琦　摄

艺文杂记

黄龙溪既有美丽迷人的自然风光，也有独具魅力的人文景观，许多文人来到黄龙溪，为古镇美景所陶醉，留下了不少诗歌和美文。2011 年 9 月，中共黄龙溪镇委员会、黄龙溪镇人民政府主办的“当代著名诗人走进黄龙溪”大型笔会在黄龙溪古镇召开，20 余位当代诗人云集于此，以“当代中国山水诗歌写作探究”为主题，走进黄龙溪。

HUANGLONGXI TOWN
黄龍溪

诗歌

游古佛洞

〔清〕卓秉恬

一径入危石，乱松青到门。隔花僧影淡，穿竹鸟声喧。
殿古藏云气，帘高入涨痕。偶来寻断碣，零落字无存。

黄龙溪口占

〔清〕龙炳垣

日色黄龙市，涛声白马滩。远天无际碧，秋水不胜寒。
估客谈瀛海，渔翁把钓竿。飞桡下江口，口首夕阳残。

游古佛洞

郭沫若

寺枕山腰俯瞰河，层楼叠嶂两巍峨。
年年漂泊锦官道，四载于今七度过。
穷愁减却登临兴，冷落寒山空照影。
晨醉江楼棹歌发，醒时夕阳挂西岭。
山寺飞将入眼来，兴机触发心花开。
醉眼欲穷天下势，揽衣直上最高台。
人生及时行乐耳，长此郁抑何为哉。
步趋寺首无应门，檐瓦半垂欲飞堕。
大叫狂生郭八来，但听山壑呼长诺。

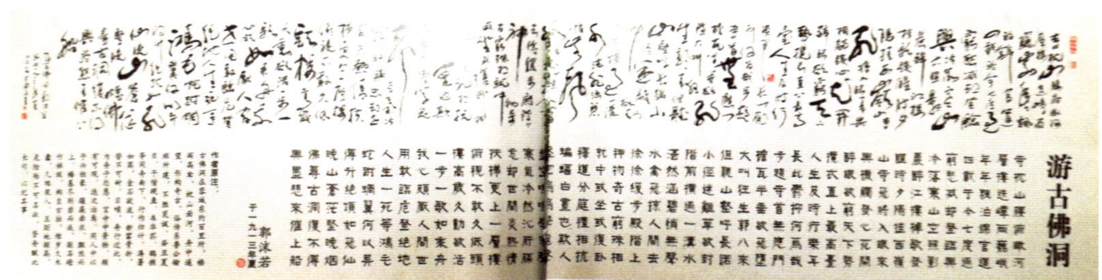

郭沫若赋诗（2016 年翻拍） 黄龙溪镇 提供

小径迷离草欲封，阶前横过一沟水。
湛然涵碧悄无声，水禽飞掠人间去。
徐徐缓步殿阶上，神物奇古穷殊相。
就中或坐或复卧，释道分庭礼相抗。
蝙蝠白昼也欺人，盘空呜呜学鬼声。
寒气泠然沁肝膈，忘却世间炎热情。
扶梯更上一层楼，俯视不敢久低头。
楼高岁久动欲活，一步一歌如乘舟。
我心颇厌人间世，用敢临危登绝地。
人生一死等鸿毛，蛇跗蜩翼何以异。
得升绝顶如飞仙，晚山苍茫竖晚烟。
佛寻古洞复不得，兴尽悲来催上船。

泊黄龙溪

黄英

寂寂江村曲，停桡意怅然。疏星乱渔火，高树隐炊烟。
野果迎船卖，沙鸥伴石眠。此乡如可住，不惜买山钱。

黄龙溪夕景

戴镇谦

碧水滔滔向远天，丹霞殷殷问客船。
不知黄龙归何处，古寺钟声驭江烟。

古镇黄龙溪

李朝今

溢馥浮金油菜花，麦梢芳草绿天涯。
黄龙虬树迎嘉旅，碧海银波泛彩槎。
古庙威严垂旧范，巨榕苍老发新芽。
武阳溪水随人意，一路欢歌到白家。

黄龙溪

王泽枋

蜀乡水绿蜀山青，开明折戟在于斯。
黄龙腾江武侯梦，最早要数甘露碑。

黄龙溪古镇

钟星明

毗邻三县黄龙溪，古镇千年人着迷。
石板街连甍瓦屋，河边阵摆古民居。
游船激浪戏清水，老鸹威风吐大鱼。
古寺苍苍神佛佑，火龙狂舞弄朝曦。

黄龙溪古镇

刘绍平

黄龙溪步游，旧貌至今留。
三县联公署，西川汇一流。
参禅朝古寺，逸兴荡轻舟。
景物凝神处，风光入镜头。
街宽盈七尺，树老近千秋。
沽酒鱼虾脆，品茶竹径幽。

古镇黄龙溪

龙廷河

一树滩头照水清，二江合龙三县分。
连杆街村石板路，四山环抱民风淳。

游黄龙溪

曲润海

鹿溪河中水，牧山顶上茶。
黄龙风景异，赏醉忘归家。

黄龙溪怀古

郑安乡

槛外青山映碧波，几声清磬答渔歌。
如幢榕树经风雨，英雄儿女往事多。

黄龙溪·江畔

何志达

垂柳依依江畔，游人偏偏两岸。
江中游艇如梭，街上牵群结伴。
高歌吼破喉咙，酒醉满街乱窜。
居士楼前驻足，令人眼花缭乱。

游黄龙溪（回文诗）

刘仕金

龙江镇寺古潮音，寺古潮音溪碧浓。
浓碧溪音潮古寺，音潮古寺镇江龙。

我站在古榕树下

向欣澄

我站在古榕树下，
听江风与溪水对话：
东汉建安二十四年，
有黄龙顺赤水而下，
出没腾空九日方去，
黄龙溪从此载名中华。
于是又有武侯屯粮牧马，
于是又有商贾武阳买茶，
于是又有张献忠血战杨展，
于是又有三县联组官衙，
黄龙溪一千七百余年历史，
留下了一段段亘古佳话。

我站在古榕树下，
听岸柳与渔舟对话：
诗圣曾站在茅屋前放歌，
看万里之船直通三峡。
那时府河中舟楫如云，
那时黄龙溪渔水如霞，
那时岸麓上千人拱手，
水上丝绸之路一派繁华。

我站在古榕树下，
听游人与小街对话：
不同肤色的不同语言，
撩开了古镇神秘的面纱。
从此高跟鞋叩响街巷石板，

从此牛仔服冲淡蓝布马褂，
从此草编花帽戴在金发头顶。

我站在古榕树下，
听弧灯与镜头对话：
百余部电影电视，
进入古镇落户安家，
文君与相如在这里卖酒当垆，
海灯法师在这里度过韶华，
邓幺姑在这里掀起微澜，
高觉慧从这里直下三巴，
好男儿从这里当兵远征，
府河畔排立着秦淮人家，
大进军在这里吹响号角，
黄龙溪借银屏走遍天下。

我站在古榕树下，
听烟花与龙宝对话：
彩龙在火海腾舞，
龙的故乡演绎龙的文化。
火龙烧红了东方时空，
火龙烧遍了四邻八乡，
火龙烧乐了远方来客，
龙的精神在古镇升华。

我站在古榕树下，
听更夫与阁楼对话：
月华笼罩的吊脚小楼，
飘来芦笛喑喑哑哑，

更闻神庙暮鼓咚咚，
又听更夫梆声嗒嗒，
古镇夜色迷幻神奇，
古镇风情如诗如画。

我站在古榕树下，
听青山与绿野对话：
改革开放二十春秋，
黄龙古镇青春焕发，
座座新楼比肩接踵，
条条公路四通八达，
家家店铺五光十色，
古镇处处绽开奇葩。

我站在古榕树下，
听钟声与晨曦对话：
新千年阳光灿烂，
龙年钟声催人奋发。
新世纪带给古镇机遇，
龙年带给古镇机遇，
龙年带给古镇吉祥，
新春带给古镇生命，
时代带给古镇希望。
从此青山不老，
从此花更妖娆，
从此绿水长流，
从此人更安康。
黄龙溪向世人宣告：
古镇将青春永葆。

瑞龙吟·游黄龙溪镇江寺

郑安乡

笼晨雾，闲趁雨后晴岚，泠然善御。好风送我清游，金华古佛，黄龙老渡。龙何处？因问村姑野叟，徜徉无据。楼头坐对清江，一瓯香茗，满怀幽愫。俯仰五千余载，此间曾有管弦歌舞。更有酷暑严寒，狂风骤雨。江流滚滚，浪打风流去。堪慰，殿堂佛祖，江干榕树，参合天人数，霜柯再茂，全身重塑。展望神州路，蛰龙起，腾云万里无度。吾虽老矣，仍吟诗句。

美文

黄龙溪记

杨天一

梦中仙境，世外桃源。东风不语，黄龙潜渊。蚕从王瞿上，杜宇定别都。鳖灵治水地，武侯屯兵处。赤水沉鼎，刘备登基，牧马山下，千载已矣。

其镇地处双流之西南，状若美人之团扇。锦江为骨，鹿溪作柄。亭台楼阁，如名士之水墨；渔樵耕读，有汉唐之遗风。

古镇之北，有廊桥卧波，横贯府河。石拱吞流，如江上之卧龙；高阁矗起，似下界之天宫。

沿河而下，江边古榕，遮天蔽日，盘根错节。亭亭然帝王之华盖，浩浩乎垂天之青云。孤单不倒，屹立千年。少男少女，聚于树下，风花雪月，海誓山盟，你侬我侬，情定终生。古树不老发新绿，伴与东风致青春。

古榕对岸，宋时千年水码头，能泊东吴万里船。汽艇行舟，来往穿梭，赏江上胜景，品水中河鲜。忆往昔骚客纷至，商贾云集；听江畔渔舟唱晚，笙歌入云。

过码头，穿古巷。青石幽径，九曲回廊。错落有致，密若蛛网。石栏木窗，青瓦白墙，飞檐翘角，画栋雕梁，晴不扬尘，雨不积水，古风古韵，古色古香。

引水入街，黄龙贯镇。铸鼎为头，九子环绕。龙首祈福：千载春秋，盈盈一水，生息黎民，脉脉情深；龙身一脉：岸托短亭，柳映长廊，水巷蜿蜒，云影舒张；及至龙尾：老叟独钓，顽童戏水，浴草流芳，归河入江。

镇龙街商铺林立，种类繁多。芝麻酥甜而不腻，肥肠粉辣而爽口；“三大炮”名震川西，“一根面”源远流长。美味小吃不胜枚举，古装影楼靓女如云，华服汉韵，风袖云裳，且游且嬉，自拍自赏。更有奇石、细绸、古玩、字画，不虚休闲胜地，实乃购物天堂。

沿河岸茶摊密布，鳞次栉比。游人读书品茶，气定神闲；观景聊天，谈笑风生。牌桌极乐台，杯中有乾坤。

不觉夕阳在山，古寺钟鸣。竹林葱郁翠苍苍，千年辉煌映残阳，闹市之中藏古寺，余烟袅袅供佛香。

及至夜幕降临，绝尘空巷。锦水东边旧时月，犹照今夜不眠人。忽而水灯闪起，流光溢彩。琼宇仙景，足留神往。

春景迷离，江烟漫起。光阴流淌，时空茫茫，守一片古朴宁静，历千年浮华沧桑。

古镇黄龙溪赋

周厚明

千古水码头，梦幻黄龙溪。千秋遗韵，何寻上古之音？何觅上古之意？大美四川，美景连连，吾近三年几欲提笔撰写其美，然虽几赴亲察，几易其稿，犹未成也。今兴致再起，幻萦美景，如述美人之姿，如闻琴瑟之妙，小镇风情，画意直抒，谢天时机缘之恩，终成耳，因记于下：

清江流韵，古渡黄龙；碧溪蜿蜒，画意诗风。古镇千载，八方客涌，商贾云集，南北西东。翠映溪桥，石渠春风欣杨柳；红参酒肆，宝鼎秋月醉苍穹。路漫漫，缠缠绵绵，几驻春秋南北过往客；意悠悠，蜿蜿转转，云消古今上下去来愁。花月宜心，一番浓醇古趣；诗酒延年，几度淡雅清宁；春花秋雨，夏荷冬竹，一程绚丽诗收。评书散打，盖碗香茗醉游子；古镇拾趣，川中美意迎贵胄。文人逸趣，昔有苏东坡遗韵，游黄龙胜似赤壁；宝地多情，今存郭沫若诗笺，读古镇仿若黄卷。尘客诗酒，俗风淡淡醉原野；笔墨风韵，雅意连连逸征程。红楼茶肆，慵懒一路酒旗；白水清江，繁忙几番商贾。

黄龙古镇，距成都近40公里，位于府河与鹿溪交汇处。需经一路风尘，鞍马不休，方可目睹古镇风流。城门高耸入云，气势恢宏，铁甲卫士，武将把守。威严壁垒，瞭望烽火台，龙灯高挂如珠串串，彩旗横飞若画悠悠。

龙溪首起龙门，尾临江口，临水而建，顺势而流，崎岖蜿蜒，横卧千秋。其间古今美食，一应俱有。饭店旅舍，戏园廊酒，过往商贾，劳逸同收：可小镇闲步，赏碧塘娇莲映日月；可参禅问道，品红墙翠竹凝春秋；可登八角宝塔，寄意临风；可赏一泓清泉，戏鱼探柳。翠竹丝语绕三县，黄龙奇观出双流。观龙戏宝鼎，喷水上游，水柱飞逝，势入蜀州。登临层楼，龙旗以竖，可听风雨飘摇，闻诗唱上古。

沿溪行，溪上石磨凝岁月，轮回千载；水中乌木横蜀州，进化万年；舟车戏水，竹筒上下节节高；虾蟹竞流，石凳连延步步幽。绿茵绕苔，一碧清波荡漾；蓝天沉璧，满溪绿意清幽。真乃是："春花秋月，一泓碧水绕芳甸；暮鼓晨钟，千年老街连春秋。"一路溪桥，几番方舟；净水梵音相映，红尘疏漏时修。适逢酷暑，溪内人山人海，红男绿女，老少一溪，纳凉戏水，嬉笑同流。

水汇至黄龙摆尾处，虹桥卧波，精彩至极。上桥观景，前有碧潭深水，一池辉映古壁幻影；后有沼泽浅滩，万类同呈龙溪实形。虾蟹满塘簇拥，巨龙真身显形。此地殊景，环顾四野，烟柳绿绕，花木同呈。巨轮水车，车轮环环绕碧玉；小亭意趣，流水汩汩戏乾坤。桥上人流如织，往来不绝，圣水观景，虹桥掠影，笼灯高挂，景色宜人。

过虹桥则入古镇老街。街上客栈驿馆遍布，美食丰盛。一街开当铺，三县访衙门，官府显威仪，民间立诚信。街上石板古道，游客悠悠闲心。古玩玉器，名人墨痕；玲珑巧饰，满目一新。川内名餐小吃：汤圆粉子，伤心凉粉；锅巴肺片，宫保鸡丁。浊酒去相思，开心话蓉城。老镇千年玄机，新市百代好运。临江古渡，热闹纷纷；八方游客，有缘同品。

更有大小寺院点缀，缭绕香烟，暮鼓梵音。竹林幽径，红墙高僧；论道述法，击鼓唱经；木鱼晚课，潜意修行；寺镇江水，平安出行。出闹市，穿街过巷，方至黄龙溪津门。叹而今码头城墙空驻，黄旗飘零；江清鱼浅，繁忙不呈。唯余扣船遗桩，似诉隆兴。真乃是：一世浮沉千古浪，万般名利一时风！只叹人寰尘嚣，循环往复，代代如斯，名利如故。及至夜临，华灯初上，小镇归寂，黄龙卧波，方不舍而归之，故有诗云：

宝鼎凝风续古缘，众星拱月竞云端。江天薄雾惊暮鼓，名利烽烟化龙潭。

盖碗一消游历苦，诗书几解旅途艰。久闻天下有苏杭，美景岂能无四川？

府河渔话

任沛祥

古镇黄龙溪，位于仁（寿）彭（山）华（阳）三县交界处。现属双流区黄龙溪镇管辖，有人说锦江（府河）是锦城（成都）的一串项链，那么，黄龙溪就算这串项链上的一颗珍珠。近年来，半条府河已经瘫痪、沉睡了。可是经历了一番冷落之后，这颗珍珠首先苏醒转来，慢慢地放出了光彩。

自从公路、铁路取代船筏水运，上游工厂林立，城市繁荣之后，工业和生活污水下泄，整条府河顿失风采。随着旅游事业的兴起，黄龙溪跻身于成都市旅游景点行列，但是，黄龙溪不是艳抹浓妆珠光宝气的贵妇，只算布裙荆钗朴实健美的村姑。她的动人处，不仅是小镇古朴的风貌，更还在于这里的山山水水。

就以水来说，鹿溪河在此汇入府河，直通乐山，奔腾东去，流入大江。从苏码头经傅家坝、古佛洞至黄龙溪这段水域，半个世纪前，水绿沱深，苔藻漂浮，微波激流中，出没着数不清的涎鱼（无鳞）、乌龟、团鱼，各种水产，不下百种；老鸹（鸬鹚）船，毛子（水獭）船匆忙来往，垂钓、撒网、叉鱼、摸鳖，十分热闹。笔者访问了一些老人，听他们摆谈往昔的情景，人人津津乐道，记忆犹新。感慨之余，每谓水产盛衰，亦如人世沧桑，深感保护环境，治理污染，万分重要，不容忽视。

这段河道鱼类之丰富，有很多天赋的优势。首先，水清潭深，留得住鱼的处所，沿河十多个深潭，当地人叫“沱沱”。如从苏码头数起，有菩萨岩、铁椿埝、毛家湾、麻柳沱、观音岩、火神岩、虎头岩、十三洞桥、红岩子、回水湾岩、夏家沱等处，多是潭傍峭壁，水深数丈，藏鱼每以万斤计。

俗话说的“七上八下九归沱”，指的是这段天然渔场鱼类洄游的生活习性。每年从小寒、大寒节气到次年农历七月，下游江河中各种鱼类成群地溯江而上，源源不断，都来此“扳籽”（排卵）繁殖；而留居在这些地段的鱼类，则又溯江而上，“青波”“火烧片”“红眼棒”“黄腊丁”“青片”“黄片”“船钉子”“黄鼓儿”，以及鲤鱼、鲫鱼之类，都逆水游到成都九眼桥一带“扳籽”，鲢鱼（巴郎儿）则到姐儿堰为止。三月桃花鱼，水草青苔上随处可见躺卧的“扳籽”鱼，见到鱼群，用石头就可打到。到农历八月，鱼秧子长得半大，又随大鱼成群地顺流而下，回到原来的老地方，人们叫作“归沱”。年年如是，因之鱼儿又多又大。

府河中的鱼，最名贵的首推青鳝，头尖身细，有鳍有尾，群居埝埂笼篼石缝中，专吃小鱼，味极鲜美。鲤鱼是一色的青鲤，几十斤一尾，极肥美。鲢鱼（巴郎儿）最多，一般都长到三四十斤一尾，大的五六十斤。栽秧时节，一二两重的小鲢巴儿，多随着农田水沟“挣”上水，一上来就是百来斤，栽秧人群多放下活路以“抓巴郎儿”为乐事。民间有句古话，叫“青波不打甲，团鱼不丢胆”。指的是“青波”鱼甲很软，经烹调后，入口化渣，又脆又香，十分可口。这里的青波鱼，也是好几十斤一尾。团鱼（鳖）六月生蛋后，用粗沙覆盖，日光孵化，大团鱼在远处守候，一俟孵出即带领下水，头伏天在浅滩钻沙，立秋后到流水中各自生活，大的有十一二斤。据杜君明全讲，1973 年夏天，他一次就捉住团鱼十一只，都是十多斤重一只。团鱼还有大的，民国三十四年（1945）农历二月十七日，苏码头菩萨岩（放生沱）起来一只大团鱼在浅滩上晒水，远看有斗筐那么大。余万秋（中华人民共和国成立后华阳县各界人民代表会议第一届常委会副主席）就目击了这一情景。据说那天小面筛大小的团鱼，满河皆是，不知是何原因，老百姓叫“团鱼会”，见到的人很多。当时国民党驻军要开枪打，因程春渠老先生出面劝止始罢。

过去的漫长岁月，自然界生态平衡靠传统习惯和自发势力维系。每年农历二月十九观音会，人们就不再打鱼，叫作“禁沱”。从惊蛰到清明，恰是鱼类繁殖期。农历四月初八又是放生会，不少行善人家，从市场上买鱼、龟、鳅、鳝，一挑挑倒入放生沱中，凡放生水族，一般人都忌吃忌捕。农历九月，又有一次观音菩萨生辰，还要“禁沱”一个月。上半年从谷雨节气起“开禁”，下半年从十月开始，新津、崇庆、双流等县的老鸹船、打鱼船、“盖网筏子”几百条，陆续前来打鱼。他们有帮会组织，外县船队到后，先去当地帮会“会主”（拜会头目），办交涉，然后下河，一到“禁沱”，纷纷离去，下次开禁再来。“放生沱”则终年禁止捞捕。放生会是民间慈善组织，每年农历四月初八，佛祖生辰，善男信女开展一次佛事活动，由当地会首主其事。傅家坝的放生会设有“乐乐茶园”。最后一任会首叫陈良洲。有人说这是个从九眼桥到乐山难找的好去处。茶园临河，是两层吊脚木楼。这段河面宽阔，水深流缓，一株奇特的大黄桷树像叉开五指的手掌，伸向河面，浓荫遮住大片水面，白天绿荫蔽日，凉风习习，船筏渔舟，来往不绝。夜来渔火闪烁，月影散乱，时有大鱼跃水，砰然有声。不少人来此喝茶住宿，凭栏观鱼，依柳垂钓，十分有趣。放生者，先向放生会“投主”（报到），登记下放些什么，各多少斤。也要焚香燃烛，念点什么。平时这里则是来此贩运牧马山地瓜籽、海椒、生姜、甘蔗等土特产客商的集会地，也十分热闹。

当年府河捕鱼，主要是放“老鸹”，放“毛子”。一般的下网，分很多种，如盖网、撒网、拦河网、奶奶网等，又多与“老鸹”“毛子”配合使用。另有用叉杀鱼，分双股、三股、五股、十股多种。铁打的，柄系长绳，要凭眼力、手准。双股叉又叫“搜叉”，专杀石缝中的鱼。钓鱼的很多，又分有饵、晃钩、车竿、发竿、过线……沿河小孩和有经验的渔民，多下河用手摸鱼。鲢鱼、团鱼多住洞穴，鱼在洞中，头伏天鱼头向内，二伏天鱼身打横，三伏天鱼头向外，要懂方法，凭技巧，才有收获。此外，就是利用水漫滩头砌石做埂，安置“溜筒”“壕子”。“壕子”用竹编制，大型的叫“母猪壕”，编得很巧，置于水口，鱼儿只能进去，进去了就出不来。还有在水中垒石作圈，插竹为栅者，夜间打着火把去捉，叫“照火膛”。各种手段中，以“毛子”捕鱼最厉害，但价格昂贵，一只好的“毛子”，相当于千多斤鱼的价钱。老鸹捕鱼量大，一支船队，往往有老鸹百多只，每条船上三五只不等。老鸹捕鱼满河热闹，常有几只老鸹共叼一条大鱼，合力把鱼“抬”出水面的情况。捕鱼后，各得奖赏，然后停在船上晒翅。

府河里每年捕捞多少鱼，谁也说不清。总之，又多又大。仅凭几位老人记忆摘记如下：解放前夕，下河来一盖网筏子，打到一条“杆棒”鱼，有八九斤重。1950 年，有一连解放军去永安乡剿匪，解放军洗澡避女人，只在小河里洗，一连人下水，鱼儿十分惊诧，有条鱼蹦上岸来，被大家捉住，有八九十斤。1952 年，杜明全在大花滩“照火膛”，

渔夫捕鱼（2011 年） 黄龙溪镇 提供

一晚上捉鲢巴儿、鲤鱼两三百斤。1955 年冬月，中兴场伍绍清在火神岩、虎头岩两处，一个月时间，打鱼两三千斤，大的一尾五十多斤。1958 年，新津一渔队在观音岩、火神岩、虎头岩三个沱中，打鱼十天，光十斤以上鲤鱼、鲢鱼送永安供销社收购的就有四千多斤，十斤以下的不知还有多少。1960 年，苏码头有条“杆棒”追逐小鱼，蹦过了头，窜上岸来被捉，有五六十斤。1963 年，杜明全在火神岩撒了一网，下水去抱起了一条三斤多的“翘角”，五斤多的一条鲤鱼，还有一条十二斤重的“青波”。1966 年，他又在火神岩下网，一网网住三条鲤鱼，共重三十三斤，为铁路卫校买去。1974 年，河中还有大鱼。苏码头曾义祥于 5 月间钩着一条八十多斤重的“杆棒”鱼，一时无法拿起来，只得任其挣扎，与之周旋，向上游跑到魏家埝埂，向下游跑到林家埝埂，往往返返，来去折腾，从上午八点过一直周旋到下午一点过，就是拿不起来。那天中兴场赶场，好多人连场也不赶跑去看热闹，最后终于被鱼把线打断跑了。又隔了两天，这条鱼才在菩萨岩被捕获。

沿河一带，很有一些打鱼行家，如苏码头沈洪顺三弟兄，中兴场的伍绍清和王兴才等。王兴才喂的一只毛子，见天捉鱼都是好几十斤，多的时候上百斤。捕到的鱼多用“猪儿筐筐”装，运往各地出售。手艺高超又深谙鱼情水性的，首推伍绍清。有年 9 月间，他有个叫杜兴和的伙伴，想套他的技术，专邀伍绍清去捉鱼，指定要吃“青波”，别的不要。伍绍清满口答应说，你回家拿点豆瓣来等着，我这就上船。杜家离河不远，当把豆瓣拿来时，伍绍清已经网到几条“青波”，大的十斤，小的也有三斤多。杜兴和不相信他是现网的，以为早有准备，又故意提出要吃团鱼。伍绍清也应承了，裤腰上夹一口袋，借口上岸解手。一会儿上船来，从口袋倒出四五个团鱼，都是三斤多一个。杜兴和向他请教，伍绍清说：“古人说，‘鱼死不闭眼，只准吃，不准攒’。学到做啥哟！”伍绍清还能从水波分辨鱼儿，他单手执篙，驾船追鱼，鱼在水中跑，他在后面追，看看追上，轻轻放下篙杆，一网撒去，三条“青波”二十多斤，一条也没逃脱。至于“勤罾懒网累死虾笆”，则指沿河一带人人皆渔，人人会捉，就不必赘述了。

河边上人吃鱼，不像城里人那么讲究，也没有那多么油，不备齐那么多调料，往往是将将就就，凑合凑合，但是城里的却又领略不到河边上人吃鱼的风味。人们总是说，最鲜的是“河水煮活鱼”，一说“活水煮河鱼”，但是品尝过的人肯定不多。对于鱼类的品评，也不全面，譬如“鲤鱼头，鲢鱼腰，乌棒脑壳当柴烧”就不妥当。黄龙溪街头饭馆，至今也是放着大盆子，养着活乌鱼，凭顾客挑选，然后厨师将鱼拿去，先去皮，再将肉片下，炒乌鱼片，那头尾骨身，则投入沸汤中，不一会儿，乌鱼片、鱼头汤就上客座。说到鱼身上最佳部位，河边上人说，是“嘴圈圈”（鱼唇）、“天堂”（鱼上颚）、“拖泥”（鱼胸腹部贴泥部分）、“划水翅”（左右胸鳍及连接部位）。河边上特别是船上吃鱼，一般做不出诸如糖醋、豆瓣、脆皮那样精致烹调的佳肴，而最爱追求鱼的本味，经常的吃法有：

河水煮活鱼。将渔船撑入河中，先船上生火，用很通常的调料：盐、豆瓣、葱、姜、花椒，先打好油汤，等着，待鱼一上钩，提起来连取都不及取，一刀连钩带线割断，放入翻滚油汤之中，盖上锅盖，任鱼在釜中扑腾。稍停，揭开锅盖，将已熟的一面翻过身来，马上动筷子。这时，鱼还是活的，头在翘，尾在卷。吃完这一面，再来个大翻身，夹另一面。北京听鹂馆的鱼不过是张张嘴巴，这就比之更有情趣。

若是安“溜筒”“壕子”，只消带只砂锅，河边上找三个石头一顶，盛上河水，寻点柴火烧开，佐料也无非盐、花椒、干海椒之类，等鱼一到手，立即投入沸汤加盖。至于肚腹苦胆不用愁，熟后，用筷子一理，丢掉。这种吃法贵在等待，鱼先来先煮，现煮现吃。但莫忘带个碗，倒掉那半锅汤太可惜。

叉烧鱼更方便，生堆火，一叉得鱼，马上将叉上的鱼置明火上烤，烤得肉熟油流，扯而争食，多时连盐也忘记去蘸。

人们说，“鸡鱼蛋面，不如火烧黄鳝”。将活鱼放入“子母灰”（余火）中“冒”熟，佐盐、椒，你试试较之火烧黄鳝如何？

大鱼，如“翘角”之类，肉极肥厚，可片下肉，剁细，做清汤鱼丸子。

鲫鱼，最好加上豆瓣、葱、姜、泡海椒清蒸。又可将活鲫鱼放水中煮烂，用筷子夹着鱼头一抖，拈去刺、肚腹，放入糯米熬粥，加糖，既不麻烦，又富营养。

生鱼片，蘸盐、海椒面、花椒面，入口脆嫩，有如日本人吃生鱼，风味独特。

小鱼也不可小看。船上煮饭，多用破鼎锅敲一缺口当炉灶。春天鱼“扳籽”时节，一些“扳”不出籽的“船钉子”都躺在水草青苔上，将船划去，随手拈取鱼儿，沿鼎锅外边贴上去，就流出油来，边烤边吃，简直是上好的下酒菜。

这些吃法，原始粗陋，不见于菜谱，却流行于民间，若广为搜集，精选提高，也未必不能登大雅之堂。清末，黄龙溪街上，有三位老人，一个是卖米粉的陈金山，一个是铁匠葛春培，一个是卖油老板沈福兴，三人平素相好，每天都要在一起喝二两（酒）。人老了没心操总得寻点乐趣，老陈又极豁达，挣点钱就吃掉。一天，三人闲扯，说这

“鲜”字，是从鱼从羊，什么鱼都吃过，就是没吃过羊肉鱼。他们完全是想当然，异想天开，弄条鲤鱼，去肉架子上割几两羊肉，再找点芹菜之类烹调起来，果然味道不错，于是天天都要搞来吃，简直像上了瘾。日久，经试验，取舍，就有许多讲究。他们得此美味，秘而不宣，别人也难知其中奥妙。可惜，他们都是普普通通的老百姓，不为世人所重，这道佳肴于是失传，连个正经的菜名都没有。

吃鱼还有别的情趣。沿河有这样的谚语：“吃鱼看刺知天气。”说是吃鲜鱼时，肋上刺的尖端直伸，天要晴，若是弯曲必定有雨。还有一些谚语，如“鱼上滩（鱼靠边），大晴天；鱼归沱，大雨落”。

这些都是龙门阵了。如今府河半身瘫痪，就这段还有一点活力。老人们说，现在鱼稀少了，堰塘养鱼代替了河鱼。九眼桥至中兴场，河内只长红线虫了。1978 年纸厂放那河黑水，傅家坝一带死鱼万斤，连十多斤重的大鱼也翻肚皮，老老少少拿筲箕捞鱼，善婆婆们，双手合十，连称“罪过，罪过”！还有那些年用电烧、雷管炸，大鱼小鱼都难幸免。农药化肥一施，田头没鱼。沿河都在压打沙捞石头，青苔水草全光了，鱼“扳籽”也找不到地方。船筏绝迹，河中鱼食缺乏。有些鱼群是追随船尾闯浪头才能上滩的。没有船筏，鱼也就难附骥尾。古佛堰堰埂加高，下河的鱼群上不来了，所以鱼类有减无增，青鳝、江团之类珍品绝迹，鲢鱼、鲤鱼稀少，更不用说几十斤重的鱼了。河鱼，自然繁殖，在激流风浪中成长，其味为埝塘鱼所不及，多么使人留恋啊！

府河尚能复苏否？人们正拭目以待。

四季·黄龙溪

林愈杰

一马平川的川西坝子上，隐藏着一个秀美而充满灵气的古镇。那是柔软的时光，是最美的田园，是千年的守望，是梦里的故乡。

那是古镇黄龙溪，是成都人最生活的水木年华。

春·暗香疏影　当春风吹绿府河两岸，吹绿这有着 2100 多年历史的黄龙溪古镇时，从民居文化一条街走到真龙现身，再踱步到千年水码头，眼前的古镇以一种最盎然的绿展示着自己的无限生命与活力：你看柳梢枝头的青青嫩芽；你看竞相开放的桃李杏梅；你看古镇上空排成一字掠过的北归大雁；你看民居屋檐下衔来春泥的呢喃燕子；你听清清溪水蜿蜒而下的流水淙淙；你听夜晚洒进梦里的沙沙细雨……

经过一个冬天的蛰伏，一切都鲜活灵动了起来。就连街头小吃的叫卖，都充满了清新的活力。春风吹绿古镇，也吹进游人心里。一艘乌篷船，一杯三花茶，沿鹿溪河而上，万顷碧绸，幽光潋滟，清纯无染，浓淡均匀。游船荡开沉寂的府河水，也荡开游人的欢声笑语，几只鸭子在旁嬉戏游弋，那是“春江水暖鸭先知”的意境，回首河畔人家的庭院，早已披红戴绿。

当暖而不燥的阳光洒在木格窗棂上时，循着春茶香气望出去，那是一幅绿意盎然的《春景图》——古镇之外，尽是大片大片的农田，农田里欢快地跳跃着沃土幽香，清新拂面，水香浸润。无论从哪个角度望出去，它都是一幅梦里故乡、世外桃源的画面，李白桃红菜花香，争蜂引蝶醉春阴。此时，才懂“不负春光”是多美的一个词。而勤劳的黄龙溪人，忙碌的身影早已穿行于田间地头，他们在春天播撒下希望，也播撒下黄龙溪最纯净、盎然的美。

黄龙溪是什么？它是“狗吠深巷里，鸡鸣桑树颠”的田园，是“千里莺啼绿映红，水村山郭酒旗风”的村落，是“矮纸斜行闲作草，晴窗细乳戏分茶”的古巷。

它是一座田园城镇，也是一处世外桃源。

夏·纵水宽歌 爱水，一路追寻着水的灵动与性情。爱水，便爱上这清灵俊秀、飘逸灵动的黄龙溪。

当清晨第一汪清泉汩汩而出，顺真龙街蜿蜒而下，这沉睡的小镇顷刻间鲜活了起来。溪水澄清澄清，弯弯曲曲，清晨叫醒古镇的第一缕阳光从矮矮稀疏的绿荫里慵懒地掉在柔软的溪水上，时而缓缓慢慢，时而跌跌撞撞，时而平平静静。它们步伐轻快，洒下一路“咯咯咯”的笑声，碎玉相碰般清脆。

溪水两旁，是满目的花团锦簇，是和煦的拂面杨柳，河道中间，横亘着顽石、静卧着石蛙、横斜着古木，所有一切，趣意横生。

这是最美的季节，也是与水同乐的天堂。炎炎夏日，那蜿蜒的河道之中，开启的，何止是孩子们的欢笑？抵挡不住清清溪水的诱惑，大人们也加入了玩水的行列，一时间，这真龙街之中，欢声笑语响彻云霄。

当上河衢的荷花开得迷人眼的时候，你会真切地感受到，夏天来了。寻船而入，穿过石桥，眼前一片绿汪汪的荷叶，托着亭亭玉立的荷花，如绿纱托着红缎，漂浮在清澈平静的上河衢水面，四周石桥卧波，古建林立，亭台楼阁间出落出好一个梦里水乡。放眼四周，尽是花繁草茂、满园缤纷的华丽，绿树成荫、花鸟山石的雅致，鱼戏绿波、船划碧水的和谐，出水芙蓉、浑然天成的古典。

夏夜，上河衢中的灯光，在这尘世间又勾勒出一幅天上街市的模样。街市之中，自然繁华如昼。古镇显露出它的活力：酒吧浪漫，游客们踩着百年的青石板，走进一间间慢摇、爵士、摇滚、民谣风格的酒吧，三杯两盏下肚，飘飘乎忘记尘世纷扰，彻底从繁杂的生活之中解脱出来，才是人生一大快事！

伴街伴水，纵水宽歌。这，就是黄龙溪的生活。

秋·前世时光 如果非要用一个季节来形容黄龙溪，我说，它是秋天。秋天是成熟，是阅历，是沧桑；是和光同尘，是与世无争；是黄龙溪原本的模样。

说起来，黄龙溪实在像极了一个洗净铅华的女人，曾经的容颜被岁月雕刻上深深的皱纹，曾经的浪漫而今也弥漫出苍凉的慈祥。但恰是这样的岁月沧桑才是它亘古不变的模样，才是今人所追随的心灵家乡。

老街小巷封火墙，古榕昏鸦愁断肠。我们曾不止一次去寻找这样的复古心情。走过长长的七街，穿过狭长的九巷，看那写满沧桑的古榕、爬满青藤的残墙、青石铺就的路面、木柱青瓦的屋舍、镂刻精美的窗棂、潺潺而过的清溪、吱呀作响的水车、飞檐翘角的寺庙……每一个场景，无不在诉说着这里的千年历史与故事过往。

夜晚，独处漫步老街，心生宁静。寂静中如把老街连同那些湿润的青石板和布满苔痕的墙根砖缝一起读进去，霎时间发现，原来老街是有生命的。每一块砖瓦都在向你述说着老街上的陈年旧事，于是，老街的气息便随着你的脚步漫溢开来。

千年前的明月升上古镇的青瓦房，细细软软地洒下如梦似幻的月光，洒在千年后的今人身上。古时月照今时人，给黄龙溪又增添了别样的神秘。打更老人檐帽长衫地走过身旁，“当当”的更声将时光拉得逼仄狭长，猛然忆起，我的前世，这黄龙溪必定就是我的故乡。

于老街寻一处民宿，枕着千年府河水，庆幸自己终于找到了故乡。

在故乡，才有梦乡。

冬·动静相宜 冬天脚步沉稳而从容地行走在黄龙溪的大地上，语言朴实简练，毫无雕饰，它犹如一位睿智的诗人书写着岁月厚重的篇章，带给黄龙溪最美的宁静。

宁静，成就了黄龙溪冬日的大美。喜欢在这样的宁静中行走在古镇的老街之上，喜欢在这样的宁静中走进每一家商家店铺，喜欢在这样的宁静中乘船静静划过冰凉的上河衢，心神俱宁，更喜欢伫立于古街之中，憩息于上河衢亭榭之上呆萌。

但未曾想过，在严冬的黄龙溪，却也能感受热火朝天般的激情。这是春节，华灯初上之时，民俗演艺中心之内早已是人潮涌动，众人前来，皆为观赏那有着千百年历史传承的“火龙灯舞”。

“烧火龙了！”粗犷汉子的一声呐喊，霎时间，爆竹声声、烟花四起，鞭炮声、烟花声、人之呐喊声响成一片。在人潮涌动之中，一条长达十余米的金龙于火光之中翻涌，飞腾。七八个擎着火龙的汉子光着上身，火花在龙身、人身上蹦跳，一片火的海洋、烟的世界、光的幻影。真可谓“岁岁春节烧火龙，烟花遍地乐融融。一任火焰高百尺，龙腾人欢气势雄”。

晨曦天籁，黄昏日落，春夏秋冬，四季轮回。黄龙溪，在不同的时节，向世人展示着自己不司的美。

而这样的美，若要读懂你，四季的时间怎么足够?

黄龙溪，若要读懂你，或许，要用我一生的时光来对你流连忘返。

楹联

黄龙溪古镇作为重要的水码头，文人墨客常经古镇，古镇居民和商家热衷于收集、留存文人墨客撰写的联墨佳句，或装裱，或印刻，制成各具特色的楹联悬于家门、店铺，以展现自我修养与品位，吸引来往过客，久而久之，在黄龙溪形成了浓厚的楹联文化氛围。

二十世纪六七十年代，随着锦江航运几近中断，黄龙溪古镇走向萧条，古镇上历代旧联也多遭毁弃，存之极少。80 年代，黄龙溪发展旅游业，为弘扬楹联这一民族传统文化和丰富古镇文化内涵，先后三次邀请四川省楹联学会、成都市诗词楹联学会和双流县诗词楹联学会的 40 余位楹联专家到黄龙溪古镇采风，进行楹联创作。1992—1999 年，省、市、县文人墨客创作楹联 1000 余副。1999 年 6 月，黄龙溪开始打造楹联之乡，以楹联艺术塑造黄龙溪新形象，选出“执政廉政、教书育人、风景名胜”等为内容的楹联70余副，再经名家书写，精刻成木联，悬挂于镇政府、机关、学校、文体站、商铺和山门、码头、寺庙等旅游景点。古镇由此被誉为蜀中“楹联之镇”。

门联

问史溯华阳，忆鳖灵治水，武侯饮马，大顺沉银，同志传书，百代雄才留胜迹。采风来古镇，看彩焰烧龙，静夜鸣更，清溪撒网，飞舟击浪，五洲游侣赞名区。

——黄龙溪古镇镇口牌坊联

色别青黄，活水巧分三县。身经风雨，老榕俯瞰双流。

——黄龙溪古镇渡口牌坊联（一）

货积如山，渡口千年商贾地；朝宗于海，江流万里古今情。

——黄龙溪古镇渡口牌坊联（二）

斩断巴山，治水疏江，上古推崇怀夏禹。凿开灌口，利民耕野，至今科技胜李冰。

——黄龙溪古镇镇江寺山门联

戏乃虚万籁由虚得实；台尤古千年借古喻今。

——黄龙溪古镇古龙寺古戏台门联

黄龙钻山，伸出龙爪抱鸡翅。白马临江，勒转马头望虎岩。

——黄龙溪古镇古衙门大门联

法重如山，一衙三管；心平似水，两造兼听。

——黄龙溪古镇三县衙门正堂门联

金华庵前拴牧马千年不动；古佛洞中锁黄龙万载难移。

——黄龙溪镇金华庵门联

张宅楹联（2015年） 黄龙溪镇 提供

川西民俗街农隐居楹联（2015年） 黄龙溪镇 提供

扬古镇淳风，人崇勤朴。启新民富路，政尚廉明。

——黄龙溪镇政府大门联

码头引客交流处，雀舌生香陶醉中。

——黄龙溪古镇码头茶馆门联

源远流长百川汇海，斟金酌古玫府藏泉。

——黄龙溪古镇“万盛钱庄”门联

南北客商来南北，东西当铺当东西。

——黄龙溪古镇“兴隆典当”门联

短联

一镇灵寺，明时宝刹元时树；两河隐约，中古神龙上古风。

文物富名溪，汉墓明陵辉瑰宝；古风扬小镇，船歌龙舞接长更。

领二江风，管三邑事；促千家业，暖万人心。

榕树如亭，烟柳轻舟临古渡；龙溪作证，荧屏故事动柔肠。

何日星槎浮绿水，谁家椽笔写黄龙。

古镇临溪，疑是舳舻千岁泊；黄龙献瑞，何如改革九州腾。

画笔追欢，文笔生花，笔颂黄魂多雅韵；火龙狂舞，彩龙簇锦，龙腾赤水鼓雄风。

飞龙戾天，吐火欢迎廿一纪；古树荫地，临江读好十三经。

腾焰火龙荣古镇，拈花远旅赏醇醪。

地沃广都，碧稼绿榕连远岫。水萦古镇，黄龙赤鹿下长江。

晨炊惯挹二江水，夜读常听三邑更。

双水烹茶，漫话龙溪仙景；纹枰敲子，纵横汉界楚河。

乐引灯舟辉绿水，共擎椽笔写黄龙。

满座镇江，详观泾渭双溪画。高楼品茗，漫话沧桑七碗诗。

以艺育人，奏主流旋律。与民同乐，做龙字文章。

丹桂倚天犹涨绿，黄龙喷雨下腾云。

欣闻龙吟，对酒敲诗得妙句。静看鹤舞，挥毫泼色绘佳图。

古镇欣看黄龙劲舞，高丘喜听赤鹿长鸣。

黄水卧龙王爷镇，古风飘仙榕洞奇。

黄龙溪流千秋，千秋依旧。王爷坎固万代，万代犹新。

寺中藏龙，王爷镇江千帆过；岩山卧虎，白马飞蹄万古传。

黄龙渡青江奇观天下绝，古镇升彩虹仙境蜀中高。

锦江鹿溪汇古镇，双流奔腾鹏程万里；西航牧马谐黄龙，三角鼎立大业千秋。

倚牧山，山舞长虹，七彩霞辉笼古镇。傍府河，水漂阔练，一泓碧浪浸黄龙。

枕江听浪思津渡，凭栏品茶忆武阳。

红蓼花繁波映月，黄龙浪涌艇乘风。

山镇酒旗风，锦里名溪尘世外。水村渔棹韵，榕荫古渡画图中。

古镇溯遗踪，皇坟异代迷青冢。山村开富路，民宅千家矗玉楼。

纵观锦水骑马静雅；环视青山秀险奇幽。

人上吊桥，锦江迎风生画意；江中皓月，黄龙戏宝出诗情。

镇集二江，千载黄龙藏古寺；溪容三邑，万家商贾聚武阳。

细品香茗，漫听双溪流雅韵；巧寻佳境，静观一笑摄英姿。

市茶初地武阳买，子渊髯奴竹里煎。

茶，花茶素茶，黄龙溪茶，静心品茶；酒，曲酒纯酒，古佛洞酒，开怀饮酒。

马驻清江，佳肴正待有心客；龙吟古镇，美境偏宜吊脚楼。

长联

一街三刹连珠。妈祖护航，兴漕运千人拱手，管教你三官三圣，终投归三县衙门。惊夸七庙半新，犹闻昔日清钟脆磬。五重殿威严壮险，岩书灵鹫飞来；虔修玉佛一尊，禅承净土，寺引乐山仙气。春夏秋冬，法事长持，喜招四海八垠香客。

百里双江缀练。王爷防汛，抗洪灾亿众同心，凭借他双水双龙，始造就双流胜境。俊赏六榕全茂，竞展今朝伟貌雄姿。万年台古朴玲珑，戏演彩鸾谪嫁；精拍荧屏百部，血战丰都，镜开蜀地雅风。东西南北，英声远播，荣获九州十镇名街。

凭栏幸游赏，有旨酒鲜鱼，脆虾焦肘，珍珠粒入豆花，更瓜称沙葛，茶誉毛峰，堪夸西蜀名优地；临水思遗韵，念仙榕画舫，敞柱明轩，石板镶成街道，又河放莲灯，龙腾火阵，好个东方影视城。

如意楼前，观鹿溪水漾，雅赏清波碧浪；镇江亭畔，看龙树荫绿，长邀墨客骚人。

开二江以夺武水，禹迹绍绪，周鼎隆山，秦功一统，蜀王折戟，诸葛牧马山中，古来兵家争胜地；接岷峨而通朱提，茶贾塞道，任安筑城，舳舻千里，甘露天降，蝶梦腾龙江表，今有遗事留川西。

一河两水分碧浪，黄龙彩虹通仙境，仙境迷游客；三寺一街聚仙古，古镇榕树显奇观，奇观醉影星。

湖中龙，溪中龙，龙外龙，青黄石龙腾赤水；街上庙，树中庙，庙中庙，大小神庙绕仙风。

双江潆古镇，胜景遗踪，逝水悄然来活水；四季汇嘉宾，新风雅韵，潜龙腾跃化飞龙。

众声齐吼震天动地尽在炉里论英雄，只影悄立追古思今独往杯中觅知音。

古树古战场，古街古衙门。

樽酒溢香留客醉，苑花争艳促诗成。

古镇宏开，延揽秋冬春夏游龙客；雄图大展，经营南北东西聚宝山。

黄龙入簿清江，泾渭分明，天然景色碧波映；白马饮赤水，古今传说，地貌沿流绿树荫。

碑刻

《乐善堂公议条规》碑

一议乐善堂首士必须公举殷实老成之人二位，不拘年限，经理钱谷簿约。再举四人经理各项公务。须各执簿一本，以便注明花帐，然后交总理将帐注明。每年清算，以专责成所有经理各项之人三年报换，以均逸劳。至于下乡收租，以及大小公件，准在公款内提用。除此外分毫不得在内妄支，以杜吞漏之渐。

一议执年首士三年一换，须凭众公举殷实之人方可充当，不得私相授受，更要连相环保。如新首士或有吞漏以及亏短等弊，惟前首士是问，令其将钱赔出，不致有坏善功，庶可永远毋暨。

一议乐善堂，当年所收租担，必如数收存，不得徙便存佃，恐其误公。每年支应各项钱文必须随事卖用，尽其事完而已。不准先行发卖，希图挪用。至于卖谷，不得一人

《乐善堂公议条规》碑（2018 年）

邬明树 摄

自专，以昭公忠。

一议夏家沱渡船二支，每支每月给功钱食米照例。在经管人手内支应，凡培补船支，该首士留心看验，以杜船夫舞弊。

一论棺木竹席原难定，限经事人必须先措办，勿使临时支吾，以免丧家着急，浮尸暴露。

一议捞尸。凡河下有浮尸流至，经事人必须亲赴看明。尸无头手例规不捞，如无伤痕捞起，将男女年貌或有无衣服注明簿内。给捞埋功钱四百文，不得滥支。

一议盂兰会。凡注簿死名，每人荐笼一扛，不得以亲契等情厚为请荐。或有就会与已之祖父荐笼者必先交纸四百张，以便申文具疏。再有远近善功，本该与其先亡，分别荐笼，奈姓名未至，只得额外化纸，以给各善功之亡人均分。

一议施药。每年预先刷票交经营给发。凡四乡有来取药，务必在存票处扯票，随在药铺捡取，决不可误。

一议放生会。每年不拘多寡，量力而行，经事人不得以少报多，希图吞漏。一经查出，罚钱十钏，以足放生之功。

一议惜字会。每年雇工不拘远近随地收捡，其工量力不拘月数。

一议宣讲。凡宣讲生至，宣讲一日给钱一百文，以三日为准。

乐善堂各会公件耗费不小，量入为出，仅可相敷。以上数非吝啬钱文，如或耗费有误公件至于公事，务须相商，不得任意加押短租以废前功。凡籍公吞肥者代代不昌。

——光绪十三年岁次丁亥夏五月二十八日

执年首事立

《永垂万古》碑

永垂万古

钦加同知衔特授眉州直隶州彭山县正堂加二级覃恩加一级纪录五次大功四次邓□为

出示□

刊碑以垂久远事案。据文生夏培熙、另禀生邓安宇、夏鼎铭，文生温其玉、武举黎亚邦等禀称：缘邑平盖义渡旧系行船撑济，光绪元年杨光才始倡先募化新设义渡，草创未成。适三年有耆民夏元贞，买得罗姓田地山房一业，共去买价钱叁千壹佰钏，取压租钱陆佰叁拾钏，每年实收租谷贰拾柒石五斗，又收地租钱陆拾贰钏，施入义渡克全善举，第河属两渡，船四用只，光才建修三只，外一只由顺河场首事刘恒兴等措办。彼处别有募置田产取费，不在元贞施业供给。殊光才经理渡船三只，历年以来，支费过奢，入不偿出，每年犹取渡钱四个月，又叠将元贞施业内加压补费。压租钱加至壹千壹百零五钏，租谷减至贰拾柒石，租钱短至贰拾贰千伍百文。压愈多则租愈少，割肉补疮，势难两济。至十五年八月，费用益形不足，光才又欲加压，当被施主元贞所阻。光才无奈，婉哀黄龙溪乐善堂首事邓长发等相助。同将此渡进款出款核算，每年渡夫口食、培、补、船只篙桡，各项尚不足钱叁拾余钏始足支用。邓长发首倡捐钱拾钏，又力劝元贞胞侄夏瑞昌捐钱贰百钏，唐荣盛捐钱贰拾钏，温元兴、黎万年、毛章廷、毛启富、雷天顺、杨永高、邓洪发、刘恒兴、程乾朝、倪国玖等各捐钱拾钏。共捐进钱谷叁百叁拾钏。退压升租，每年多收租谷拾叁石，租钱伍二壹百文，总共收租谷肆拾石，租钱贰拾柒千陆百文。较前收入倍多，渡费少，有余欠。以后在黄龙溪择老成二人经理钱谷，每月按渡夫费用多寡支给，余则留作培补船桡等用，复就平盖渡择二人管验船只，每月至黄龙溪首事处取钱给渡夫工食。至帐目每于六月初六日齐集清算。两地各司其事，并立合约上下各执为据。由是废者兴，弛者整。而此渡遂可垂诸久远矣。至光才前所募化捐资若干及叠加租钱，与双江场并各场善士所施田地、街房、河心中坝一切前事，乐善堂首事毫未染指。或别有债帐亦与乐善堂首事无涉。固思邓长发等当义渡之维艰，傕善功之垂败，踊跃劝捐挽回既倒。若不刊碑通衢则浼其好施之风，何以为悭吝之劝须。今日涉江者无虞，而异时报换，踵事者或免漏吞。为此特将义渡原委缕细禀明。恳赏示谕，勒诸水滨，以期永济于无穷。等据情据此查邓长发等各捐钱文振兴义

《永垂万古》碑（2018 年）
邬明树 摄

渡，维持善举，实属可嘉，除禀批示外，合行去示刊碑以垂久远，为此，示仰县属诸色人等，知悉现在盖义渡既经黄龙溪乐善堂首事邓长发等倡首捐资叁百余钏，另立章程重新整顿，以后首事务须遵照合约定章妥为经理，庶不负前人好善之心。至前首杨光才因义渡募化捐资叠加压租钱文及双江各场善士所施田地街房，河坝乐善堂毫未染指，则杨光才别欠债帐亦不与乐善堂相涉，以免轇轕，倘有经理不善以及阻扰侵蚀者许各善士指名禀究，其各禀遵毋违。

特示。

——光绪十九年六月始竖

《三县会衔》碑

钦加知府衔补用同知直隶州调署资州直隶州仁寿县事永川县正堂加五级议叙加二级纪录十次记大功三次俞。

钦加知府衔在任候补直隶州调署成都府华阳县事资阳县正堂加五级议叙加二级纪录十次记大功三十次缪。

在任候补同知直隶州特授眉州直隶州彭山县正堂加五级记录十次大功八次康。

会衔示禁事案。据彭山县莲花保保正张凤鸣、保副贾元本禀称情，恩治、武阳乡地名黄坟山新官山，据华属黄龙溪三里许，其地半属仁廉，半归华邑。兼与仁邑火烧场钟家山各义冢相近，均系地方绅耆，向成义举。现埋坟包约二万有奇。举凡街乡鳏寡孤独、乞丐浮尸以及贫苦无依者，率皆丛葬其中。彼葬时垒土既薄，春秋二节并无子孙祭扫，孤坟荒冢，举目堪伤。讵料有附近乡愚故纵牛马游牧其间，无一冢不遭其蹂躏。原坟破椁，暴碎骨骸，并无完冢。首等坐视不忍，欲禁不能。只得协禀仁天恳移。知仁华两县主会衔出示刊碑严禁，并恳饬保甲于附近仁厚之家俾其看守。所有柴薪，每岁归其芟刈，嗣后如有践踏义冢，准其看守之人将其牛马拿获，投明保甲，罚犯者遍垒众山义冢一次，以儆效尤。庶死者盛恩，生者颂德等情。据此禀批示外，合行会衔示禁为此。示仰该处附近居民人等知悉。自示之后，尔等牧放牛马各在空闲处所，不准在各处义冢任意践踏，致令枯骨暴露。倘敢不遵，准其看守之人将其扭获，投明保甲，来案具禀，以凭唤就。但不□□妄禀，致干并惩。各宜禀遵□□□。

此示

光绪一十九年

民间掌故

蜀地民间好摆“龙门阵”，民间故事和传说源远流长，有对黄龙溪历史文化的理性阐释，有对逝去岁月的缅怀讴歌，有对民俗风情的记录怀想，一段历史一个故事，一段回忆一个传说，无不承载着黄龙溪人民对这块土地深深的眷恋之情，以及对美好生活的追求和向往。

黄龙溪两千年历史溯源

王泽枋

西汉蜀郡扬雄《蜀王本纪》曰：“秦惠王遣张仪、司马错伐蜀，蜀王开明拒战不利，退走武阳，获之。”这是关于武阳作为地名最早的记载。开明十二世“退走武阳”是在周慎王五年（前316），距今已有2300余年。这个武阳是地域，即武水之北。

武阳的得名，源自今双流区的黄龙溪。清人陈登龙《蜀水考》云：“黄龙溪，源出龙泉驿南长松山，西流过宝子口，西南流过仁寿县北，又北流过华阳县南，入府河。”这条源出龙泉山的黄龙溪，当然不止一条河，中有柴桑河、倒流水来会，到今通呼为鹿溪河，“黄龙溪”反而成了小镇的名字。鹿溪河在古代的名字很多，其上流或称绿水、煎茶溪，秦汉时又有名武水、赤水河。据今人任乃强先生考证，武水又名武阳江，自今双流区属的古镇黄龙溪东北流来，在镇旁的东边转了个几乎是90度的大弯，踅而南流，沿今天牧马山东麓，在彭山江口与岷江正流汇合。这段河流就是武水，或称武阳江。这条河最古老，属自然河流。到了先秦时，有了李冰“开成都二江”之举，为给府河找出路，人工开凿，凿至今之黄龙溪，古之府河才得有“夺武水而出”的机会。两千多年来，府河之名显，武水反而不彰。任乃强的论断，与王国维所校《水经注》吻合。

有了武水或赤水或武阳作坐标，先秦的武阳、西汉的犍为郡治武阳县究竟在哪里，就不难寻找了。按照古地理学，山南水北为阳，武水或武阳江以北，即今牧马山南端广袤的浅丘地域均可名为“武阳”。然而千百年来，人们好像找不着北似的，见诸文献记载，一提到武阳故郡，都一言以蔽之：“在今彭山县北 ×× 里”，里数参差不一，方位各执一词。今人谢忠梁教授感慨尤多，在《汉代四川郡县治所今释》自序中，一口气就指 13 个“或云”，曰“汉代的武阳县治，或云今彭山县治，或云今新津南七里旧县坝，或云今彭山对岸，或云今眉山北，或云今彭山东北，或云今新津东七里，或云今彭山双江，或云今彭山东北十五里，或云今彭山旧土城，或云今峨眉县东南四十里的唐绥山县东等，共有 13 种不同的意见……”（见 1980 年四川大学学报丛刊第五辑《四川地方史研究专集》）

作为西汉犍为郡郡治所在地的武阳县，为什么会出现上引“或云”的众多地方，当然主要是与迁徙、侨置、增减、兴废有关。犍为郡郡治变迁徙置，蒲孝荣在《四川政区沿革与治地今释》一书中，算是基本上把这两千多年的治所梗概理出一些脉络来。他说，汉武帝建元六年（前 135）开“西南夷”时置犍为郡。郡治初设在鳖，今贵州省遵义市西。至元光五年（前 130）移至南广县，今云南省东北盐津县东。到昭帝始元元年（前 86），又移至僰道县，今四川省宜宾市。王莽时期（9—25）曾将犍为郡名改为西顺，领县十二，涉及云南、贵州、四川。在今四川境内者有僰道、江阳、武阳、南安、资中、符县、牛鞞。武阳是作为西汉时犍为郡治下的一个县，其管辖范围包括后来的新津、彭山、眉山、丹棱、仁寿、井研及双流的一部分等县地。武阳县的治所和建城时间，蒲先生在《今释》中是这样说的：“（汉）武帝太初四年（前 101），益州刺史任安筑武阳城，王莽改名戢成。今彭山东北江口公社（旧名双江公社）”。

据常璩《华阳国志》记载，“太初四年，益州刺史任安城武阳”。又载“孝昭始元元年（前 86），郡治僰道（今宜宾），后徙武阳。武阳为郡治”。今岷江、府河间纵贯双流、新津、彭山三县的三角浅丘牧马山，古称宜城山。历代的地方史志记载，宜城山因西汉益州刺史任安在山上筑宜城而得名；载籍上有说任安既筑宜城，又筑武阳城，或者说宜城就是武阳城。1993 年 3 月，双流县牧马山上的胜利镇，曾出土过五代后蜀花间派词人欧阳炯曾孙欧阳瓘墓，葬于北宋元祐三年（1088），墓志铭所书葬处是“双流县宜城山宜城乡宜城里”，接连用了三个“宜城”，可见到了北宋晚期，宜城山之名都还很彰显，而牧马山得名就很晚了。最迟不过在明清间。因此，西汉益州任安既筑宜城也好，武阳城也好，甚至宜城就是武阳城也好，应该是在牧马山上。

犍为郡治武阳城在牧马山上，而且距今双流区黄龙溪很近。古人倚重方位和风水，筑武阳城的同时，更要考虑左右的护卫物。前面说过牧马山为两水间三角丘陵，以面南论，左青龙，右黄龙，青龙代表大江，即岷江正流，水清，有青龙镇；右黄龙，代表赤水，即先秦时的武水，有黄龙镇。左右有二龙拱卫，武阳居其中，这种天设地造，形胜毕具的武阳城，王莽改名“戢成”。戢成者，易于藏兵屯兵且万无一失之地。这正是古之牧马山一大长处。武阳城离黄龙溪（当年因黄龙庙而名黄龙镇）最近，汉以来黄龙溪是郡治武阳的拱卫、卫星，会盟、祭祀及其重大活动的地方。《华阳国志》云：“建安二十四年（219）黄龙见武阳赤水。”这是一大吉兆，一郡之大事盛事，由郡守李严亲率属下官员在黄龙溪举行隆重的纪念活动：立一通黄龙甘露之碑，造一座规模颇大的黄龙庙，铸一台九龙铜鼎沉于赤水中。黄龙溪是武阳郡政事、祭祀活动中心。

武阳故城之所在，四川大学教授刘琳在注释《华阳国志》时考证出武阳故城则应在今彭山双河一带。当地至今还传说双河地区的江家浩古代有一座大城。其地当双江镇（江口）之北、府河之西岸、牧马山之南麓，在今彭山县城东北十四五里，与《寰宇记》所说吻合。又《水经注·江水》：“江水（指今府河）自武阳东至彭亡聚。”（按彭亡聚即今双江镇。）府河在这一带是自东北向西南流，《水经注》所叙江水流向；然由此可见武阳故城在彭亡聚之上游。今江家浩正在双江镇上游，与《水经注》合。又《续汉志》武阳县注引《南中志》：“县南二十里彭望山。”彭望山即今双江镇东之仙女山……双江镇乃汉之彭亡聚，晋称合水，有平模城，非武阳县治。其地控两江之口。形势险要，然地势逼窄，前临江水，后抵山崖，至今一条长街，总计街道房屋，最宽处不过二十米，绝非立县城之所。诚哉斯言。

刘琳的实地考察，应该是正确的。再说今之双流区黄龙溪与彭山县江口镇之间，不过三十来华里之遥，《续汉志》武阳县注引《南中志》说武阳县南去江口之彭望山即仙女山二十里，那么北达黄龙溪就该只有几里至十来里了。这样，能在东汉末年“黄龙见武阳赤水九日”，郡守李严亲率属下官员临黄龙溪进行隆重的祭祀活动，就成为顺理成章的事。推测在两千多年前，黄龙溪就已经成为武阳这座郡治“大城”的组成部分，要不至低也是一处举行祭祀活动的场所。因之，在古代，黄龙溪与任安所筑武阳城并重，应该有2100多年的历史。

更值得一提的是，“龙见武阳赤水九日”，成为劝进刘备在成都登基的舆论依据，以赤水河出现了黄龙现象，诸葛亮、李严等800多名地方各级文武官员，以“龙飞九五”

为名，请刘备就九五之尊，并马上铸一龙鼎沉于江中，又镌刻一座“黄龙甘露碑”，有800多人题名。有了这些举措，黄龙溪便成为三国蜀汉文化中劝进刘备登基最早的舆论策源地、新闻发布中心。

武阳买茶

“武阳买茶”出自西汉王褒（今四川资阳人）的《僮约》，“武阳买茶”是他在四川时所亲身经历的事。《僮约》中有两处提到茶，即“脍鱼炰鳖，烹茶尽具”和“牵犬贩鹅，武阳买茶”。“烹茶尽具”意为煎好茶并备好洁净的茶具，“武阳买茶”就是说要赶到武阳（黄龙溪）去买回茶叶。

西汉神爵三年（前59），王褒到“湔上”（今四川彭州市一带）时，遇见寡妇杨舍家发生主奴纠纷，他便为这家奴仆订立了一份契券。这是一篇极其珍贵的历史资料，在《僮约》中有这样的记载：“脍鱼炰鳖，烹茶尽具”，“牵犬贩鹅，武阳买茶”。武阳地区是当时茶叶主产区和茶叶市场之一。茶为贡品、祭品，在周武王伐纣时，或者在先秦时就已出现。而茶作为商品，则出现于西汉。

正月十五元宵节这天，王褒寓居成都安志里一个叫杨惠的寡妇家里。杨氏家中有个名叫“便了”的髯奴，王褒经常指派他去买酒。便了因王褒是外人，替他跑腿很不情愿，又怀疑他可能与杨氏有暧昧关系。有一天，他跑到主人的墓前倾诉不满，说：“大夫您当初买便了时，只要我看守家里，并没要我为其他男人去买酒。”王褒得悉此事后，一怒之下，以15000钱从杨氏手中买下便了为奴。

便了跟了王褒，极不情愿，但他还是在写契约时向王褒提出：“既然事已至此，您也应该像当初杨家买我时那样，将以后凡是要我干的事明明白白写在契约中，要不然我可不干。”

王褒为教训便了，使他服服帖帖，信笔写了约600字的契约，列出了名目繁多的劳役项目和干活时间的安排，使便了从早到晚不得空闲。契约上繁重的活儿使便了难以负荷。他痛哭流涕向王褒求情说，如是照此干活，恐怕马上就会累死，早知如此，情愿给您天天去买酒。

这篇《僮约》为中国茶史留下了非常重要的一笔。对于茶史研究而言，茶叶能够成为商品上市买卖，说明当时饮茶至少已开始在中产阶层中流行，足见西汉时饮茶已相当盛行。美国茶学学者威廉·乌克斯在其《茶叶全书》中说：“5世纪时，茶叶渐为商品”，

“6 世纪末，茶叶由药用转为饮品”。他如果看到王褒的这篇《僮约》，恐怕不会说如此武断的话，因为《僮约》提到“武阳买茶”这件涉及商品茶的事实的时间是西汉神爵三年（前 59），比《茶叶全书》所谓的 5 世纪要早 559 年。

鹿溪河的传说

水色褐黄的鹿溪河，从龙泉山出发，弯弯曲曲流入双流境内，与清幽恬静的锦江在闻名遐迩的古镇黄龙溪陡然相遇。一清一黄两条河混在一起，绕过黄龙溪向南流去。远远望去，宛如两条长龙盘绕在一起，蔚然成景。

相传很久以前，此地还是一片荒芜。不知何年，从外地迁来数十户人家。他们打猎垦荒、男耕女织，竟拾掇出一个小小的世外桃源，人丁兴旺，五谷丰登，瓜果遍地。然而天公不作美，这一年遇上了大旱，无情的阳光炙烤着大地，眼见庄稼无望。唯一的一口池塘已干得见了底。全体村民从早到晚跑在村边，祈求苍天降雨，但求到的却是无穷尽的失望。

却说村里有一李姓猎户，生有一女，取名西，长得乖巧伶俐。阿妈生她时去世，父女俩相依为命，打猎为生。12 岁那年，父女二人到很远的山林去打猎。刚上山就听到一声凄厉的鹿鸣，转头一望，见一只斑斓猛虎叼着一只漂亮的小鹿从山上跑下来。阿西姑娘赶紧叫：“阿爸，快救它！”

阿爸来不及多想，一箭射去，正中老虎眼睛。老虎怒吼，丢下小鹿，扑向阿爸。阿爸措手不及，刚把阿西推到一边，就被扑倒在地。情急中，他拙出猎刀，狠狠地刺进老虎的腹腔，老虎惨叫一声，搂着阿爸滚下了山崖。

瞬间的变故，惊呆了阿西。等她醒悟过来，不顾一切地冲下山崖，阿爸已气绝身亡。阿西大悲，抚尸痛哭三天三夜。待她平静下来，才发觉那只被咬断腿的小鹿儿，也倚在旁边垂泪。阿西大为感动，采来草药为小鹿儿包扎好伤腿，牵着它回到村子里。

此后，善解人意的小鹿儿成了阿西姑娘的“伴侣”，成天形影相随。失去父母的阿西姑娘非常疼爱小鹿儿，甚至有什么心里话也要同它说。村里人对这对奇特的伙伴，爱怜有加，不时在生活上照顾接济。转眼过了三年，阿西出落成一个仙女般的美人儿。

这次大旱，阿西姑娘也十分着急。一天，她像往常一样，对着小鹿说：“全村人都要被干死了，怎么办啊！唉！你是人就好了。”

“阿西姑娘，我有办法。”小鹿说。

小鹿突然开口说话，惊得阿西连声问："你是……你是……"

小鹿身子一斗，变成了一个英俊少年。"我原是南极仙翁的守山童子。因误吃了仙翁的一棵准备献给王母的人参，激怒了仙翁，将我贬下凡来。谁料又误撞在母鹿的肚里，变成一只鹿。若不是遇上你父女二人，我已经成了老虎的腹中餐了。"

惊喜的阿西姑娘，激动地拉着他说："鹿……郎，快，快想法子。"

鹿郎点点头说："你把眼闭上，拉紧我。"

阿西姑娘依言闭上双眼，忽觉身子一轻，已腾空而起，耳边传来呼呼的风声，吓得她死死地拉着鹿郎不敢松手。很久，才听得鹿郎说声"到了"。阿西睁开眼，展现在眼前的是一座云雾缭绕的山峰，四周布满了奇花异草。鹿郎面向山峰跪下，虔诚地叩了三个头，说了声："弟子拜见仙翁。"

不一会儿，响起一阵仙乐，一位白髯垂胸、面目慈祥的老爷爷来到鹿郎跟前说："守山童子，你尘缘未尽，今又携凡人进入仙境，泄露天机，可知将受到什么处罚？"

鹿郎答："弟子知罪，但恳请仙翁救救他们。"

阿西见状，立即跪下道："仙翁爷爷，求你大发慈悲，不要处罚他。"

仙翁说："小姑娘！仙凡有别，天条不可违。他泄露天机，还欲借天河之水，势必受到严厉处罚。"

"什么处罚？"阿西紧张地问。

"永世在凡尘，百世为鹿身。"

"啊！"阿西一声惊呼，扑向鹿郎，"这是真的吗？"

泪水盈眶的鹿郎点点头说："我说过一定要报答你们。"

阿西凄楚地转向仙翁说："仙翁爷爷，可怜可怜我们吧？"

仙翁爱怜地看着二人，终于叹口气道："好吧，还你三日人形。"说毕，手一招，空中一股水激射而下，射入仙翁的掌中。少顷，凝聚成一颗晶莹剔透的水珠。他把水珠递给鹿郎说："这是天河之水，足够你们享用万世。"

鹿郎双手捧珠，伏在地上，道："弟子谢仙翁大恩。"

"你们好自为之吧！"说完，仙翁手中拂尘一挥，一股劲风将二人带向空中。落地一看，却已在村边。

阿西姑娘倚在鹿郎身边，悲愁地说："鹿郎，我们怎么办？还有办法吗？"

鹿郎痛苦万状地说："无可挽回，我们办正事吧！"

锦江与鹿溪河汇流处（2016 年） 黄龙溪镇 提供

阿西却无比坚定地说："鹿郎，我还是要嫁给你！一辈子守着你！"

鹿郎吃惊地看着她，想要制止她。但却从她美丽的眼中，读懂了人世间的爱。

此时，村里人已发现了他们。见阿西同着一翩翩少年从天而降，无不惊奇万分。待阿西把一切告诉他们，人人欢呼雀跃，庆幸苍天有眼。

鹿郎携着阿西，来到了干涸的水塘边，小心翼翼地把水珠放入塘底。不一会儿，水珠冒出一股清泉，顷刻间泉水满塘。

兴高采烈的人们用清冽甘甜的天河之水，灌溉快要干死了的庄稼，庄稼须臾间转青了。

是夜，村民燃起篝火，载歌载舞，为阿西和鹿郎举行婚礼。直到深夜，才将新人送入洞房。其千恩百爱自不必说。

这时，屋外却刮起了一阵吓人的狂风。呼啦啦，几乎将房子吹倒。待得风停，已是凌晨，人们出外一瞧，全傻眼了：水塘里的水涓滴不剩，连那颗水珠也不在了。水塘边，卧着一条黑黝黝的庞然大物，望不见头也看不到尾。

阿西紧张地问鹿郎："这是什么怪物？是它吃掉了天河水？"

鹿郎沉吟片刻，猛然道：“糟了，这是条旱龙。”

正如鹿郎所说，这条来自边荒大漠的旱龙途经此地发现了天河水珠。于是一口吸干水塘，吞掉水珠。哪料水珠装的是半条天河之水，涨得它不能动弹，只得躺在原地休息。

鹿郎立即抽出短剑，一剑向旱龙胸腹间刺去。谁知旱龙皮厚，刀剑不入。

鹿郎退后数丈，屏气运功，不一会儿，只见他突然爆发，如同离弦之箭射向旱龙。这一下连剑带手臂均插入旱龙的腹腔。旱龙嗥叫一声，痛苦地扭动身躯，想摆脱鹿郎。鹿郎怒极，一展毕身功力，将身子一长，双脚蹬在龙泉山上，一借力，大吼一声：“还我天河水！”轰然一声，旱龙胸腹洞开，天河之水从腹内汹涌而出。旱龙惨叫着、挣扎着、逐渐地瘫软了。那龙泉山被鹿郎蹬塌了半边，滚滚泥石流急驰而下，淹没了鹿郎身躯，又染红了天河之水。与此同时，人们听得阿西姑娘一声惨呼“鹿郎”。霎时间，雷电交加，风雨大作。

等到雨过天晴，人们再也没见到阿西和鹿郎。横在眼前的是一条清澈的大河，对面山上一股赤色水流直插其间。人们说鹿郎化作那赤水，旱龙却淹没在天河水之中。两河交汇处的土坡上，那棵一夜间长出的榕树，就是阿西姑娘。她天天守在岸边，呼唤着她的鹿郎。人们为了纪念阿西姑娘和鹿郎，就把那赤水河称作“鹿西河”，叫久了，就叫成“鹿溪河”。

古西南“丝绸之路”的传说

古西南“丝绸之路”的川滇段有两条：一条走古牦牛道（零关道），从成都出发，经双流、新津、邛崃、名山、雅安、荥经、汉源（窄都）、越西、喜德、冕宁、西昌，到达会理以后，折向西南行，经攀枝花，渡金沙江至云南大姚，最后到达大理。另一条从成都出发，经黄龙溪、彭山，沿岷江而下，经乐山、宜宾，再沿秦代开凿的“五尺道”南行，经高县、筠连，向西折入横江河谷，经豆沙关、大关、昭通、曲靖、昆明，最后到达大理。两条路在大理会合后，经保山、腾冲、盈江到达缅甸境内的八莫，从八莫出发又有水陆两途到印度。从印度又可通中亚、欧洲。它是中印两个文明古国最早的联系纽带，对中外社会、经济、文化的交流做出了重要贡献。但后来由于又发现和开辟了新的道路，这条古道才逐渐人稀。

斗转星移，日月交替，古西南丝绸之路的绝大部分淹没在时间的风雨之中，但一

剥茧制丝（2007 年） 余茂智 摄

些雄关险道，骡马蹄印，诗联题刻，仍留下深深的历史印痕。公元前 2 世纪，汉武帝派博望侯张骞出使西域。当他历尽千难万险，终于到达阿富汗境内时，却吃惊地发现了商人们经由印度贩去的四川特产蜀布和筇竹杖。显然，早已有人先于他打通了华夏大陆连接南亚、西亚的道路。其后，汉王朝全力开发西南，在各地置官设治，修筑驿道，使中原文明直抵滇缅之边。蜀汉时期诸葛亮的南征，进一步加强了各兄弟民族之间的血肉联系。

由此看来，公元前 2 世纪晚期汉武帝开通西域以前，中国丝绸的西传，应当是从蜀地西行的。考古学家曾在阿富汗喀布尔附近发掘的亚历山大城的一座堡垒内发现大量中国丝绸，据研究，这批丝绸是经南方丝绸之路，由蜀经印度转运到中亚的蜀地丝绸。喀布尔正当南方丝绸之路要道，这批丝绸出现在那里不是偶然的。联想到张骞在大夏（今阿富汗）见到蜀布、筇竹杖等“蜀物”，是大夏人“往市之身毒（印度）”的记载，足证很早就有蜀人商贾前往印度从事长途贸易，而丝绸的西传，自然也离不开这条古道和往来活跃在这条古道上的蜀人商贾。

古蜀丝绸在世界各地的传播，丰富了南亚、中亚、西亚、北亚和欧洲文明的内容，并由丝绸的传播而促进了丝绸之路的开通，从一个重要方面沟通了中国与世界各个文明区的交流和互动，不仅对于中国认识世界和世界认识中国，而且对于世界文明的繁荣和西方古典文明的发展，都做出了积极而卓越的贡献。

黄龙溪“水上警察”

黄龙溪位于三县之交、两江汇流之处，民间传言旧时曾有水上警察维持治安，确保一方平安，故使黄龙溪能够成为水上集散地、远近闻名的水码头。这些传言究竟与历史事实是否相符合？经查阅大量地方文献，原来，黄龙溪镇水上警察是由古佛堰的管理职能演变派生出来的。

依据历史资料记载，古佛堰原为仁寿、彭山、华阳三县所共有。但是，长期以来，由于“三县田亩错插，不能一致；而仁（寿）、华（阳）各以繁远之故，不能兼理”。所以，有关古佛堰的一切大小事务，自初以来，就始终统归彭山县经营管理。

1913 年，四川宣布独立，重庆镇守使熊克武派军占领新津，彭山宣布戒严。彭山县开始建立新的体制，“初设征收局，凡税收各事皆归之”。1915 年，彭山县在“古佛堰设局”。清代以来古佛堰一直由三县堰长管理，设立古佛堰管理局后，开始实行堰董负责制。第一任堰董由夏鼎铭担任。他上任伊始，即呈请在黄龙溪设立古佛堰局，并定管理章程 14 条。其中首条就是在黄龙溪设“追汛署”。古佛堰局设局长 1 人，局士 3 人，局书 1 人，共 6 人。至此，古佛堰局以黄龙溪为办公地，开始对周边各场镇“统收”水钱，改变了三县堰长分散勒索之弊。

1919 年，彭山县开始设立团练局。其派驻各地的部队，以团、队为单位，团、队之下所辖为士兵为团丁、队丁。设在黄龙溪的古佛堰局，依例设堰队加以管理。

根据 1925 年一份关于彭山县“团务”的手稿记载，当时驻扎在黄龙溪的“堰队丁”的职责是“查抽收过堰船捐”，即对过往船只征收捐税。但是由于这些队丁“在堰既久，作弊日深”，因此决定改由三县“分送队丁”的办法。依据这个办法，可以知道民国年间驻扎在黄龙溪的“堰队丁”的具体情况。

队丁人数：堰队设队长 1 人，队丁 10 人，共计 13 人，由仁寿、彭山、华阳分送；另外，新津分送队丁 2 人，眉山分送队丁 3 人，彭山送队长 1 人、队丁 1 人。

队丁条件：取“地方土住粮民”充任，年龄在 20 岁以上至 40 岁以内，“确无嗜好”，且没有在县上当过差役的。

队丁待遇：每名队丁每月饷钱 10 千文，队长月饷 12 千文。

全队住水利署（即原来设在黄龙溪的追汛署），由水利委员会指挥。

根据以上规定，常驻黄龙溪的各类队丁人数总计为 20 人。自从这一堰队制度建立之后，清代以来实行的设堰勇 6 人、堰差 4 人的管理制度“一律裁汰”，宣告结束。

由此可见，黄龙溪民间所传的旧时驻守黄龙溪河边镇江寺一带的“水上警察”最多的时候约有 1 个连，实际上指的就是古佛堰局下派驻黄龙溪，驻守在追汛署（今镇江寺内）的队丁。

民间传说中旧时代的“警匪勾结”，掌红吃黑，欺压百姓的事例倒是经常有。其中有件事情广为流传：民国初年成都军阀为争夺地盘，上演出一场炮火连天的煤山争夺之战。当时负责刘文辉军之后勤的军需处，暗从外地通过水路运一批军火来成都助战。当时，各路军阀在水码头上各占一方，盘查较严。刘军将运粮之船，暗藏白银、军火于船下，不想在黄龙溪码头被水上巡警察觉，要求停船检查，但该船仗有川军暗护不停。水上巡警开枪，打死一名船工，引发一场船帮与水警之战，结果水警一死二伤，护船武装一死一伤，由于岸边巡警援助，船被扣码头。刘军闻讯，急调一连人火速来黄龙溪夺船，最终是警怕兵，袍哥、船帮反要水警道歉赔礼才达成协议，以罚两个水警巡查员各打 50 军棍，开除公职，撤一名巡警官之职，草草收场。而打伤打死的船工、巡警，及毁坏的两岸民屋仅草草赔了几十个大洋打发了事。民国时期的警匪之战、军警之争实际上是各派势力的利益之争，在警、匪、军、宪、特的旧时代，警察是最没有发言权的人。而“水警”更是一伙岸边跑，水上漂的“公丁”了。所以成都在过去才有“警察难”的歌谣：“人人皆言当兵苦，警察更比当兵难。”据老人们说，水警在河上害怕得罪“帮会”，在陆上害怕得罪宪、特，天天猫着腰过日子，官船大船不敢查，百姓小船又没啥，平时只有在河边捉“鱼虾”，小打小闹欺压些平民百姓。

黄龙溪泼水节（2016 年）

兰志年　摄

大事纪略

2000多年的历史画卷在黄龙溪这方沃土上展开，所发生过的大事变换更迭，要事不胜枚举。仅择具有重大影响、综合反映黄龙溪发展的大事，作纪略性的辑录。

HUANGLONGXI TOWN
黄龍溪

周慎王五年（前 316）古蜀王兵败黄龙溪

“周慎王五年秋，秦大夫张仪，司马错、都尉墨等从石牛道伐蜀。蜀王自于葭萌拒之，败绩。王遯走至武阳，为秦军所害。”（《华阳国志·蜀志》）古蜀王（开明十二世）在葭萌关（今广元）抵抗秦军，战败后，逃至武阳（据当时史料查证，武阳故治为今黄龙溪镇及其周边地域），被秦军消灭。是年十月，古蜀国灭亡。

东汉建安二十四年（219）“黄龙见武阳赤水”

“东汉建安二十四年，黄龙见武阳，赤水九日，蜀以为刘氏瑞应。”（《华阳国志·蜀志》）在东汉末年天下大乱，社会上盛行“谶纬”之说的背景下，浑水注入清水，呈现“黄龙”形状，这一自然现象被政治化，进而描绘成“真命天子”降临前的吉兆。东汉建安二十五年（220），以太傅许靖、安汉将军糜竺、军师将军诸葛亮等为首的大臣上言：“群下上书者八百余人，咸称述符瑞图谶明征。间黄龙见武阳赤水，九日乃去。”并开展了修建黄龙庙、立题名碑、铸龙形鼎等活动，劝说拥戴刘备登基。建安二十六年（221），刘备在成都即皇帝位，是为蜀汉昭烈帝。

1949 年黄龙溪解放

1949 年 11 月，解放大军进军西南，胡宗南部在府河乡至黄龙溪驻防一个营的兵力，企图凭江顽抗。12 月 15 日、16 日两日，胡宗南部获悉解放军已从仁寿方向挥师直指府河，气氛顿时紧张。17 日，逢黄龙溪赶场之日，但是商铺不敢开门营业，街上也无人做买卖。上午十点左右，解放军先头部队一个班出现在府河对岸（黄龙溪东岸），胡宗南部仓皇进入阵地。两军激烈交火，解放军击毙胡部指挥员一人。部分胡军溃逃到向阳村小姑山，一副团长阻止部下在解放军阵前缴械投降，被其警卫员击毙。至深夜，解放军先头部队在半边街渡河成功，一路沿牧马山和府河包抄围歼胡守军。至此，黄龙溪胜利解放。

1950 年平息匪患

1950 年 2 月，地方封建反动势力不甘心灭亡，孤注一掷组织暴乱，匪首陈某某、夏某、罗某某等密谋于农历正月初三攻打乡公所，期间欺骗、胁迫三四十人参加。

当天上午，驻乡征粮武装工作队已察觉叛乱，但因人少力薄（当时只有两三个人），只得紧闭大门等待援助。乡负责人毛伯勋正电话通报匪情，不幸被匪徒投进乡公所的手榴弹击中，因公殉职。大门被匪徒砸坏后，匪徒涌进并枪杀了征粮工作队员一人，抢走缴存的枪支 300 余支。进而追杀外出的征粮队员，途中枪杀两人。又挟持两名征粮队员上街，后匪首熊某某将二人杀害。中午，区署特派部队赶至府河时，叛匪已逃向牧马山。陈某某等四处抢劫钱粮，并抢劫满载盐巴的船十余只（每只船载盐 10 余吨）。黄龙溪政府迅速成立剿匪指挥部，并在嘉禾庄常驻剿匪部队，控制匪情。

4 月，匪首陈某某率匪徒与半边街股匪余某某纠合盘踞在老鹰沟。5 月，剿匪部队将其一举歼灭，当场击毙匪徒多人。逃散匪徒后相继投案自首，拒降外逃的匪徒也先后被缉拿归案。匪首陈某某只身潜逃至雅安后，被追捕归案，在黄龙溪被公审处决。至此，黄龙溪匪患平息。

1987 年设立黄龙溪办事处

50—80 年代，黄龙溪景区几乎没有什么变化。1987 年 10 月，成立黄龙溪办事处，隶属于黄佛乡人民政府，为副乡级机构。主要从事黄龙溪景区寺庙、街道、古榕树等的管理与保护工作。随着黄龙溪古街老庙的川西风格被影视界发现，大批游人和影视界人士蜂拥而至。黄龙溪的旅游业进入快速发展时期，办事处的工作不再是单纯的保护与管理，同时进行一定的保护性建设和恢复性建设，并接待中外游人和影视界人士。1992 年 5 月，黄龙溪办事处撤销。双流县成立双流县旅游开发管理委员会，负责黄龙溪镇旅游开发建设工作。

1988 年黄龙溪古镇被列为县级文物保护单位

黄龙溪古镇位于锦江与鹿溪河汇流处。夏秋季节，鹿溪河浑浊的山洪，流入较为清碧的锦江中，有若黄龙奔江，民谚有“黄龙渡青江，真龙内中藏”之说。古镇房屋系清代建筑，街道全系石板铺设。场内庙宇、会馆有王爷台、镇江寺、江西馆、乐善堂、古龙寺、天后宫、南华宫、三官堂等。寺庙建筑典雅，神像雕塑精湛。1988 年，黄龙溪古镇被列为双流县文物保护单位。将寺庙、民居、街道等均纳入保护区，更好地保护了景区“古”的特色。

2004 年黄龙溪镇获评“全国环境优美镇”

2002 年 10 月，黄龙溪镇被确定为双流县创建全国环境优美乡镇试点镇，11 月被确定为四川省创建全国环境优美乡镇试点镇。黄龙溪镇先后完成了《黄龙溪镇环境保护规划》《黄龙溪镇有机竹笋示范基地建设项目的可行性研究报告》编写工作和场镇生活污水治理等一系列工程，黄龙溪创建全国环境优美乡镇的 23 项指标均达到国家环保总局要求。2004 年 9 月，通过四川省环保局组织的专家实地考察，11 月 5 日通过国家环保总局现场考核验收。12 月 30 日，国家环保总局正式命名黄龙溪镇为“全国环境优美镇”。黄龙镇成为四川省第一个“全国环境优美镇”。

2007 年黄龙溪入选“中国民间文化遗产示范区”

2007 年 3 月 24 日，首届中国民间文化遗产旅游示范区授牌仪式在北京举行。建设部、国家旅游局、中国风景名胜区协会、北京市政府等单位的领导向黄龙溪、泰山、蓬莱阁、庐山、平遥古城等首批 15 家获此荣誉的单位颁发铭牌和荣誉证书。黄龙溪因文化遗产储存量丰厚、品位价值高、保护工作卓有成效而成功入选。授牌仪式后，黄龙溪舞龙队举行了“火龙灯舞”表演，展示了“中国民间艺术之乡（火龙艺术）”龙文化的风采。

2007 年黄龙溪举办首届国际古镇镇长合作论坛

2007 年，黄龙溪举办首届国际古镇镇长合作论坛。合作论坛包括开幕式暨主题峰会、圆桌对话、“世界印”首印式暨黄龙溪古镇风情游、《2007 首届黄龙溪国际古镇镇长合作论坛联合宣言》发布会等 7 个主题活动，4 月 27 日正式启动，9 月 28 日闭幕，为期 5 个月。来自德国、澳大利亚、法国、越南、西班牙、印度尼西亚、日本、韩国、新加坡和中国共 41 个古镇的代表及有关人士，围绕“古镇是人类文明的遗产”“古镇的价值”“古镇的困境”三个核心议题开展深入讨论，促进了各国古镇的共同发展和人类文化遗产的保护与传承。

此次论坛在国际古镇之间搭建了一个互相学习、合作共赢的平台，与会代表在古镇的保护、建设、文化传承等方面取得共识，形成《2007 首届黄龙溪国际古镇镇长合作论坛联合宣言》。论坛期间，德国林姆斯派克有限公司与双流县人民政府签订“黄龙溪主题文化休闲公园综合发展”项目框架协议，同时，途易集团公司和双流县黄龙溪镇人民政府签订旅游营销项目合作协议，推进黄龙溪海外旅游市场的开发。

2007 年黄龙溪镇获评中国历史文化名镇

黄龙溪古镇历史悠久，境域内有东汉崖墓 4 处、古代水利工程 3 处，镇内古建筑众多，风貌完整，共有传统建筑面积 3.12 万平方米，有“一街三寺庙，三县一衙门”等代表性建筑。镇区内有树龄千年的古树名木，另有古渡口、古河道、古码头等多处遗址遗迹。传统民俗“烧火龙”是国家级非物质文化遗产。2007 年 6 月，黄龙溪镇被评为第三批中国历史文化名镇。

2008 年黄龙溪旅游区被批准为国家 AAAA 级旅游景区

黄龙溪古镇属于川西传统水乡古镇，历史风貌保存完整，1992 年被评为四川省首批历史文化名镇，1998 年被评为四川省省级风景名胜区，2006 年被评为成都十佳旅游景区，2007 年被评为中国历史文化名镇。2007 年，黄龙溪创建国家 AAAA 级旅游景区工作被列入双流县委、县政府的一级目标，成立了创建领导小组，制定了创建执行方案和工作流程，按照国家 AAAA 级旅游景区的标准进行古镇风貌整治，提升旅游环境质量。同时，通过修建停车场、特色游步道，整修游客服务中心，统一制作景点标识牌，配置语音导游等，完善旅游服务功能。2008 年 4 月，黄龙溪旅游区通过全国旅游景区质量等级评定委员会评定，被国家旅游局批准为国家 AAAA 级旅游景区。

2010 年黄龙溪举办第七届中国国际美食旅游节分会场活动

2010 年 9 月 26 日上午，四川省第六届少数民族艺术节暨第七届中国国际美食旅游节双流黄龙溪分会场活动在黄龙溪古镇民俗演艺中心内举行。此次美食节活动主题为“美食之都、多彩生活之‘游古镇美景、品特色美食’”。同时，黄龙溪特色美食一条街举行开街仪式。

12 月 29 日上午，旅游节举行闭幕仪式，同时举行第三届中国（四川）名城古镇文化旅游节颁奖典礼。古镇黄龙溪获 4 块奖牌，在四川省历史文化名城古镇中名列第一，所获奖项分别为 2010 年度四川最美古镇、2010 年度四川乡村文化旅游示范城镇、2010 年度四川优秀人文特色城镇、2010 年度最佳人气名镇。

2012年黄龙溪古镇景区旅游商品获四川赛区金奖

2012年5月24日至27日，由国家旅游局举办的“2012中国国际旅游商品博览会”暨“2012中国旅游商品大赛”在浙江省义乌市举行，黄龙溪古镇“黄龙溪瓷胎竹编酒具”和“古镇茶韵办公记事板”两件旅游商品参选此次盛会。经过层层筛选，两件旅游商品在参选的300余件特色旅游商品中脱颖而出，获“2012中国旅游商品大赛”四川赛区旅游商品金奖，成为成都市郊区县唯一荣获金奖的旅游商品。

2012年联合国世界旅游组织专家到黄龙溪考察

2012年6月6日，联合国世界旅游组织旅游可持续发展观测点管理与检测中心专家Trevor Sofield一行在成都市旅游局领导陪同下到黄龙溪考察，对黄龙溪景区生态建设和可持续发展等问题做了详细了解，为世界旅游组织在成都设立可持续发展观测点进行可行性研究。专家组成员对黄龙溪古镇悠久的历史和深厚的文化非常感兴趣，并对黄龙溪景点细节打造注重古建筑文化保护和“生态、文态、形态、业态”融合规划大加称赞。

2014 年黄龙溪举办全国民办博物馆可持续发展论坛

2014 年 6 月 10 日，由中国国际文化传播中心、全国民办博物馆联合会主办，双流县文联、双流县工商联、黄龙溪镇人民政府协办，四川省三都博物馆承办的“全国民办博物馆可持续发展论坛”在黄龙溪古镇三都博物馆内召开。近 100 家民办博物馆馆长出席论坛，共话民办博物馆未来发展，并发表《全国民办博物馆可持续发展论坛黄龙溪共识》。

2014 年黄龙溪获评中国最美生态文化古镇

2014 年 11 月 29 日，中国日报网主办的“美丽中国发展论坛暨第一届最美中国符号”品牌颁奖盛典在北京举行，共有 130 个单位参加，网络投票总数 4100 万余张，历时一年，通过投票、比选和专家评审等环节，评选出了最美当代世外桃源、最美风景名胜区、最美生态文化古镇、最具文化底蕴历史文化名镇等 9 项大奖，黄龙溪获评“中国最美生态文化古镇”奖，是四川省唯一一家获奖单位。

古榕树（2017 年）　　李思健　摄

附录

HUANGLONGXI TOWN
黄龍溪

创建中国历史文化名镇

2006年，黄龙溪镇为弘扬传统民族文化，促进古镇建筑艺术、民俗文化的传承和延伸，6月，黄龙溪镇成立了以镇长为组长的创建中国历史文化名镇工作领导小组，下设办公室和工作小组。并制定专项工作方案协调相关工作，确保文字、影像等资料的筹备和报送。黄龙溪镇创建中国历史文化名镇工作从2004年就已经开始。2005年，黄龙溪镇创造性地提出——“千年水码头、古镇黄龙溪”的发展定位，以古镇文化为灵魂，打造浸润在中国古诗词意境中的独特文化旅游名镇，致力于创建中国乃至世界知名的旅游文化品牌。至2006年，黄龙溪镇围绕文化产业建设，主要开展了四方面的工作。

长远规划，科学发展。黄龙溪镇制定了《黄龙溪镇总体规划》《黄龙溪镇新城区控制性详规及城市设计》《黄龙溪历史文化名镇保护规划》等规划，科学保护古镇文化资源，从宏观角度确保古镇文化产业健康发展。并设置专门的保护管理机构和人员，明确职责，细化管理；加强宣传教育力度，提高全民保护意识，自觉遵守和执行保护古镇的有关规定。

挖掘资源，传承文化，有效地保护了古镇文化及其产业，系统地传承了黄龙溪镇独具特色的文化。黄龙溪镇古蜀文化、水文化、三国文化、宗教文化、民风民俗文化、影视文化加之古建筑、古码头、古崖墓、古树、古衙门等非常丰富，该镇一直致力于文化资源的挖掘和传承。已完成《黄龙溪镇人文旅游资源调查研究报告》；出版发行了《古镇黄龙溪》一书和同名八集电视专题片；对在黄龙溪拍摄的180余部电影、电视剧进行收集整理（已收集、剪辑73部）；制作400余张剧照悬挂在古镇街巷，把影视文化植入景点；部分业态调整还原为影视剧中的特色商铺、院落；撰制楹联，荣获“楹联之乡”的美誉等。

建设打造，展现文化，极大地丰富了古镇旅游内涵，黄龙溪镇的文化产业也以崭新的姿态展现在世人面前。黄龙溪镇将古镇文化的保护、传承与景区的建设、发展紧密结合，让文化渗透景区，让景区展现文化，既提升旅游形象，又促进古镇文化产业的发展。2004—2006年，黄龙溪累计投入资金1.1亿元，先后完成了山门、古码头、漫滩滴水等工程，再现了千年水码头文化；进行“修旧如旧”的街面整治，恢复三大院落等，彰显古建筑文化和川西干栏民居特色；唐家烧坊、手工作坊、古镇魅影等文化产业的恢复，展现出古镇民风民俗文化和影视文化。该镇对景区业态进行调整，形成了龙狮文化、川西民风展示、手工制品、旅游纪念品等特色街道，体现了民风民俗、饮食等文化，体现黄龙溪旅游文化资源。黄龙溪镇还注重水环境、大气环境的整治，最大限度保持古镇风貌，保护古镇环境。

开展活动，塑造文化品牌，特别是FIAP摄影采风活动和“首届国际古镇风情节”的成功举办，面向世界全面展示了古蜀文化、水文化、三国文化和独具特色的宗教文化、民风民俗文化、影视文化等，接待50余万名游客，旅游创收3000余万元，推动了整个黄龙溪乃至双流县文化产业和第三产业的跨越发展。文化的保护与传承至关重要，为此，黄龙溪多次组织文化活动，以树立地域文化品牌。仅2006年，黄龙溪镇就开展四次大规模文化活动：春节期间组织烧火龙、耍狮舞的民俗娱乐活动展示；“五一”举办的佛教放生活动、川剧表演、漂河灯等宗教文化、民俗文化活动；9月5日，举办的第28届国际摄影艺术联合会FIAP（菲亚普）大会“精彩黄龙溪”摄影采风活动；“十一”黄金周期间，举办了“2006首届黄龙溪国际古镇风情节”。

（黄龙溪镇党政办提供）

顺应发展规律　贵在返璞归真

——四川省双流县黄龙溪镇深化古镇保护与发展的实践

“千年水码头、古镇黄龙溪”，黄龙溪古镇位于成都市南47公里，据城南卫星城28公里，府河与鹿溪河交汇处，镇域面积50.4平方公里，辖1个社区，7个行政村，人口

2.8 万人。府河由北至此，三转西折继而向南，形成一个半月形，古镇就位于半月形东南边，三面环水，早年为成都南下乐山、重庆的重要码头，距今已有 2000 年历史。相传，东汉建安二十四年（219），有黄龙现于赤水（今鹿溪河），因而得名。宋时名黄龙溪，明称永乐场，明末毁于战乱，故又名火烧场，明末清初重建保存至今，为第三批中国历史文化名镇。

古镇核心保护区面积 3.93 公顷，拓展区面积 14.75 公顷，镇容风貌可以概括为：千年六古树、两河生五岛，一街三寺庙、三县一衙门，七街九台子。其中蕴涵“十古”（古街巷、古寺庙、古民居、古树、古崖墓、古佛洞、古码头、古战场、古衙门、古堤），古色古香。被评为：国家 AAAA 级旅游景区、全国环境优美镇、国家级小城镇建设试点镇、中国民间文化遗产旅游示范区、中国民间艺术之乡（火龙艺术）、四川省省级风景名胜区、四川省省级园林城镇、四川省文化产业示范基地、成都市旅游发展重点镇。

一、保护优先，保护下谋发展

黄龙溪古镇以其源远的历史和独特的形态屹立于天府之国，此地蜀汉龙文化、佛教文化、水文化与地方民俗文化水乳交融；两江交汇、山水相依的自然环境与依山起势、临水赋形的城镇形态天然融合，共同形成黄龙溪不可再生、不可复制的特点。所以，保护古镇，传承历史文化遗产成为我们不可推卸的重任。

（一）以规划为先导，处理好保护与发展的关系

黄龙溪具有悠久的历史和深厚的文化积淀，是岷江流域基本保存完整的滨江历史乡镇活标本，必须采取积极保护与科学利用相结合的方针，以保持其长久生命活力。为此，我镇按照“积极保护、保持原貌、科学利用、长远承继”的原则，在 1993 年首次编制的《黄龙溪古镇保护规划》基础上，根据历史文化名镇保护要求和《双流县黄龙溪镇总体规划》，邀请西南交通大学建筑勘察设计研究院，完成了《双流县黄龙溪历史文化名镇保护规划（2006—2020）》，以规划为保护和持续发展的先导，正确处理好历史文化名镇保护和发展的关系，更加科学和有效地加强对黄龙溪古镇的开发利用。

（二）以原真性为基点，处理好保护与发展的关系

按照保护规划，我镇以保护历史文化遗产，合理利用资源为出发点，将黄龙溪发展划分为三个板块，一是古镇核心保护区，按照“原真性”原则，严格保持古镇核心保护区内历史格局、建筑风貌和空间形态；二是景区拓展区，按照“协调性”原则，该区域严格控制修建项目，使之与原有民居和古镇总体风貌相协调；三是外围扩展区，按照

"整体性"原则，在景区外围发展配套项目，但建筑仍保持古镇原有风格。

1. 按照原真性原则，抓好景区核心区保护

黄龙溪镇现存的 3.93 公顷连片明清历史街区和川西民居建筑群是古镇核心保护区，该区域是我镇历史文化魂之所在。

一是修葺恢复古镇原貌。除对现存历史街区、民居建筑进行常规性维护和修复，拆除景区范围内不符合历史风貌的建筑以外，黄龙溪镇还按照"修旧如旧"的原则，先后投入资金 1.6 亿元，完成了古街、古桥、古碑、古码头、古寨门、古院落等古迹维护，重现水码头的繁盛景象。2009 年，黄龙溪镇立足原貌再现、复兴文化，实现历史文化和现实功能的双重价值，按照古镇原有建筑风貌和发展格局，投入 2.2 亿元启动了"天府第一名镇"建设，完成了"黄龙见水、溪通古蜀"一期打造工程。2010 年，再次筹集 4.8 亿元资金，启动了"溪水浸润三千年——水润黄龙溪"名镇打造二期工程。通过名镇打造工程，黄龙溪镇拓展景区近 200 亩，古镇整体形象和产业发展水平得到大幅度提升，并成功打进国内一线旅游市场。2012 年，黄龙溪镇又按照市委、县委工作要求，立足于形态、文态、业态、生态"四态融合"，启动了"国际文化旅游度假目的地"建设 5 类 34 项重点工作，届时，黄龙溪将以全新的姿态、崭新的面貌问世。

同时，黄龙溪镇还聘请了专业古建筑维护公司，对古镇川西民居群进行整体维护、加固，使之具有较强的灾害抵抗能力。

二是挖掘文化实现复兴。地方文化脉络的传承，是历史文化名镇得以承继的重要支柱。为传承地方文化，保护历史文明，我镇深入挖掘多元化的民俗文化，并以之为依托开展了文化提升工程。第一，展示川西堂会文化。黄龙溪大堂会自古至今一直保持着"最川西"的原生风貌，我镇充分挖掘堂会文化，先后举办了"最川西、最国际、国际小姐走进黄龙溪大堂会""驻成都外国领事官员——黄龙溪元宵大堂会""亚洲小姐走进黄龙溪大堂会"等多个大型国际宣传营销活动，黄龙溪大堂会已成为古镇的一张文化名牌。第二，展示地方多元文化。相继举办了中国成都国际非物质文化遗产节、黄龙溪龙狮文化艺术节、CCTV—城市之间、大河音乐节、国际香囊节·艾尚黄龙溪、台湾美食节、四川省第六届少数民族艺术节双流分会场等 10 余个大型宣传营销活动，展示了黄龙溪多种文化融汇交融的地方特色。第三，运用现代科技手段。结合黄龙溪历史文化内涵，充分利用声、光、电等现代科技手段，邀请专业编制团队，推出一台"古蜀音乐大典"常态演出节目。

三是深化营销市场推广。2008年地震以后，成都市周边旅游业发展受到一定影响，面对紧迫的市场形势，黄龙溪镇强化了宣传营销攻势，以丰富的地方文化活动拓展旅游市场。抓住"一个市场"，即按照"走出四川、面向全国、接轨国际"思路，积极地对接国内、国际著名旅行社，拓展团队旅游市场，现我镇已与青旅、康辉、宝中等六家旅行社和四川航空公司、东方航空公司、西南航空公司等航空公司签约结盟；挖掘"一组文化"，即深入挖掘黄龙溪文化内涵，深化民俗博物馆和民俗文化演艺中心建设，引进古玩、书画、主题馆等产业项目，开发具有黄龙溪特色的民俗手工艺品。现蜀锦、书画院等项目已落成；对接"一个平台"，接待《人民日报》、中央电视台、香港《文汇报》、《四川日报》等200余家媒体，发布刊载新闻、宣传类稿件300余条（篇），受邀参加了建设部中国历史文化名城名镇保护与开发论坛、第十届四川电视节、中国西部博览会、成都市旅游局"大成都旅游圈推广会"等活动；制作一部高水平的黄龙溪旅游宣传片；唱响一首"黄龙溪主题歌"。

2. 按照协调性原则，抓好景区拓展区发展

黄龙溪游客近年来呈井喷式增长，给古镇带来了巨大活力，但也带来了巨大压力。据统计，高峰期古镇景区日接待量达13万人以上。为实现景区游客分流，兼顾核心区保护和旅游经济发展，我镇通过市场调研、邀请省内外专家学者问剑、到其他历史文化名镇参观学习，确定了在景区核心保护区外，发展拓展区域。作为核心景区外延，景区拓展区可减轻核心景区因游客激增带来的压力，并能够创造新的经济增长点，解决发展问题，反哺核心景区保护。

一是确定古镇保护和发展的定位和方向。2009年成都市确立建设"世界现代田园城市"的历史定位和长远发展目标，双流县委确定了"空港现代田园大城市"的发展定位，并明确提出把黄龙溪打造成"国家级民俗风情小镇和以旅游产业为支撑，统筹城乡发展的田园城镇样板"。根据这一发展定位，我镇提出了：以城乡统筹带动旅游产业发展，以旅游产业发展推动一、三产业互动，坚持"内部提升、外部拓展、强化管理、整体营销、科学跨越"基本发展路径，全力打造"川西田园古镇"。

二是依托古镇品牌，跳出古镇谋发展。作为以旅游产业为支撑的乡镇，古镇景区的保护与发展始终是黄龙溪建设统筹城乡发展"川西田园古镇"的核心所在。我镇立足原貌再现，追求返璞归真，实现历史文化和现实功能的双重价值，达到古镇保护、社会进步、经济发展相协调。基于此，我镇深入挖掘新的旅游切入点，按照古镇原有建筑风貌

和发展格局，继续拓展核心保护区外围景区发展，2009 年完成了“黄龙见水、溪通古蜀”名镇打造一期工程，2010 年启动了“水润黄龙溪”名镇打造二期工程。工程全部采取 BOT 模式推进，据统计，一二期工程政府投资近 8000 万元用于基础设施配套建设，并撬动省内外社会资金近 10 亿元投入古镇发展。

三是引入市场机制，创新发展模式。我镇“川西田园古镇”打造工程，除基础配套设施外，所有项目均采取市场运作形式开展。我镇成立了“四川龙溪旅游投资咨询有限公司”，旨在通过公司化运营，为项目建立市场运作机制，广泛吸引社会资金投入古镇保护和开发，确保以最短的时间、最小的资金投入、最高的发展标准，完成“川西田园古镇”打造预定目标。

3. 按照整体性原则，抓好外围扩展区项目

景区外围扩展区的发展是作为核心景区的补充，以及协调古镇景区与周边地区之间的过渡，如果说古镇核心景区是魂，景区拓展区是形，那么外围扩展区就是一幅古镇的剪影。

一是全力推进农业园区项目。坚持“国内领先、西部第一”目标，以拓展农民创业、增收渠道为基点，全力打造以土地集约使用为特征，服务田园城镇发展的城市近郊现代生态农业发展示范基地——1.2 万亩“双流现代农业博览园”。将该项目打造成自然景观独特、服务设施先进、地域文化浓郁、人居环境卓越的成都市近郊农业休闲目的地，黄龙溪农民创收致富的产业园。

二是深入开展农村土地综合整治工程。黄龙溪土地综合整治项目共涉及 6 个村，拆迁农户 4400 户 1.5 万人，预计整治可新增集体建设用地近 4000 亩。将充分运用市场化手段，以“N+1”模式全力实施整治项目，着力完成土地整理和 14 个新型旅游型农民聚居点建设。项目的实施，就农户而言，可实现集中居住，享受更加齐全的公共服务配套设施，全面提升生活品质，获得更多的创业、就业平台，拓宽收入渠道。就全镇而言，将解决资金、田园城镇建设和旅游产业发展问题，有利于推动产业整体提升和项目村发展。

（三）以管理为抓手，处理好保护与运营的关系

黄龙溪镇于 2005 年成立了黄龙溪省级风景名胜区管理委员会，2009 年根据发展需要，撤销管理委员会，成立了集保护、开发、管理、营销功能于一身的黄龙溪古镇景区管理局，进一步强化了保护和开发的管理机制。

1. 提高管理效率。黄龙溪古镇景区管理局和黄龙溪镇政府是一套人马、两块牌子，合署办公。采用合署办公的模式进行景区保护和管理，处理好了上级指导主管部门和地方管理部门、管理部门与政府、管理部门与游客之间的关系，有利于提高工作效率和质量，避免了部门间沟通不畅，使黄龙溪可以最大限度地保护好历史文化遗产。

2. 增强管理力度。通过景区管理局，一是加强了古镇保护的宣传教育，提高了居民的保护意识，自觉遵守和执行保护古镇的有关规定。二是严格审批程序，在景区推行景区经营准入制和建房、改建、装修报批制度，严格控制景区业态和风貌管理，严格审批保护区内的各种建设项目。三是引入市场化机制，聘请了具有古镇管理经验的两家公司对古镇环境卫生进行管理，使古镇对外形象进一步美化。四是成立商会以商管商，在原有的 5 个行业协会的基础上，成立了黄龙溪商会，通过商会协助管理局规范经营行为和行业管理。

黄龙溪，这座千年西蜀农耕文化与现代文明相辉映，乡风民俗淳朴、人民生活安乐富足、统筹城乡跨越发展的“川西田园古镇”，诚挚的邀请和欢迎各位专家、朋友们到来做客，品一品川西风情，看一看秀美田园。

（作者：曾虎）

黄龙溪镇景区入口处牌坊（2018 年）　　黄龙溪镇　提供

编纂始末

2015年9月，中共成都市委办公厅、成都市人民政府办公厅下发《关于进一步加强和改进新形势下地方志工作的意见》，明确要求“做好历史文化名镇（村）、经济名镇（村）和其他特色名镇（村）志书编修工作”。在成都市地方志办公室和中共双流区委、区政府的领导下，2015年12月，中共成都市双流区委史志办公室牵头成立《黄龙溪镇志》编纂委员会，正式启动编纂工作。

编纂工作中遵循以下原则：(1) 1992年10月，黄佛乡和回水乡合并设置黄龙溪镇，《黄龙溪镇志》内容涵盖原黄佛乡、回水乡。(2) 为深入挖掘黄龙溪镇历史文化底蕴，历史事件尽量起自可溯之时，下限至2016年。(3) 对人物介绍，原则生不列传，按生年排序。(4)《黄龙溪镇志》中“解放前、后”，以1949年12月18日黄龙溪地区解放为界。

2016年1月，在初步收集、挖掘、整理黄龙溪镇已有档案、文献资料的基础上，召开《黄龙溪镇志》编纂研讨会，拟定《黄龙溪镇志》编纂方案，对编纂原则、纲目、时代特色、地方特色等做了详细的讨论和布局。编纂、采访人员不辞辛劳，查阅文献和档案，走村串户，深入茶铺街坊，召开小型座谈会，多方收集资料，认真纂稿，并广泛征求意见。

2018年3月，历两载寒暑，九易其稿，终于完成28万余字的初稿，报送成都市地方志办公室审核。成都市地方志办公室编审处处长黄小华精心指导并认真审读了书稿，还特别邀请江苏省苏州市地方志办公室傅强、江苏省昆山市地方志办公室徐秋明对《黄龙溪镇志》进行梳理和审改。经调整结构，压缩文字，2018年12月，一部集众人智慧和心血、图文并茂的《黄龙溪镇志》定稿，呈报中国名镇志文化工程学术委员会评审。

《黄龙溪镇志》编纂工作能够顺利完成，首先要感谢成都市地方志办公室和中国名镇志编纂专家的大力支持和关心帮助；其次感谢中共成都市双流区委、区政府的重视和坚强领导。编纂过程中，中共成都市双流区委史志办公室、中共成都市双流区黄龙溪镇党委、黄龙溪镇政府精心组织，具体指导；双流区档案馆和黄龙溪镇退休干部邬明树、杨国儒、应福根、罗在全、应福根、郭维让等提供了相关资料和图片；书中所采用的图照由成都市地方志办公室、中共成都市双流区委史志办公室和黄龙溪镇政府提供。在此，谨向这些单位和个人致以衷心地感谢。

由于水平有限，难免会出现一些纰漏，如有不足和不妥之处，敬请读者及有识之士，不吝批评指正。

编　者

2018 年 11 月